ほしてん。

転生と闇オチ
星ひとみの天星術

星ひとみ

小学館

はじめに

みなさんこんにちは、星ひとみです。

たくさんある本の中から
『ほしてん。～転生と闇《やみ》オチ　星ひとみの天星術～』を
手に取っていただきありがとうございます。

丸くてかわいい〝ほしてん。〟たちは
月、地球、太陽のエネルギーから生まれました。
毎日をハッピーに過ごすヒントを教えてくれます。

恋をするとどうなるの？
どんな仕事が向いているの？
ポジティブな気持ちになるにはどうしたら――？

自分のことはもちろん
友達や家族の知らなかった一面も教えてくれます。

そしてこの本では、未来のさらにその先、
あなたがもし〝転生〟したら――
そんなことについてもうらないました。

さらに〝闇オチ〟のページでは元気になるコツもわかります。

ほら、もうワクワクしてきませんか？
ときめく準備はできましたね。
さぁ、ほしてん。と一緒にハッピーになりましょう！

星ひとみ

目次

CHAPTER2 闇オチ×天星術

CHAPTER3 いろいろときめきうらない

★Hitomi's Message★ 大きく息を吸って深呼吸！ ネガティブな感情が吹き飛んで気分上昇！

この本の使い方

天星術

オリジナル運勢鑑定法「天星術」は、生まれた日の「月」「地球」「太陽」の位置がどうなっていたか、どんなパワーを受けて生まれてきたかを数字で導《みちび》き出すうらない。
P13を見てください。3つのグループ、12のキャラクター「ほしてん。」にわかれます。

ほしてん。

P9からの生年月表でうらないたい人のナンバーをチェック。どのほしてん。に当てはまるのかを調べてください。どんな性格なのか? どういった職業が向いているのか? 恋愛やネガティブモードになったときはどうなってしまうのかなど、ほしてん。を読み解くと、うらないたい人のいろいろなことがわかります。

「なるほど！」と心当たりがあること、
「え！そうだったの!?」との驚きなどいろいろな新発見があるでしょう。
自分だけじゃなく、大切な人や苦手な人の本当の姿を知るのもありです。
きっと、よりハッピーな日々があなたを待っているでしょう。

CHAPTER1 キャラクターうらない

転生×天星術

もしも○○に転生したら？ 一度は考えたことがある人もいるでしょう。天星術でうらなった転生先、そこでどんな運命が待っているのかがわかります。

天星タイプ

P13で導き出したうらないたい人の天星

※有名人は、刊行時（2025年1月時点）の情報をもとにしています。

Hitomi's Message

この本には、全ページに星のエネルギーを込めています。目を閉じて、直感《ちょっかん》でページを開いてみて。左ページ下に書かれたメッセージは、いま、あなたが幸せになるために心がけたらいいコト！

ステータス

基本の状態を表す指標

○○の星

もともと持っている基本の性質

CHAPTER3 いろいろときめきうらない

質問に答えていくだけで、心の奥底《おくそこ》にひそんでいるホントの自分と出会える！ みんなとワイワイ話しながら読むと盛り上がってオススメ♡

CHAPTER2 闇《やみ》オチ×天星術

気分がモヤモヤ、なんだかいつもと違う──そんなときはアクマが近づいていたり、ついていたり、闇オチモードになっています。そのときの状態と改善法をイラストやマンガで解説！

★Hitomi's Message★ 好きなアーティストのラブソングを聴《き》きながら、ハートを描いたりハートのシールを貼るとラブ運アップ

天星の見つけ方

【表1】の生年月表から、
あなたの生まれた年と月が交わる数字を見つけてください。

↓

その数字に、
生まれた日の数を足してください。

↓

合計した数字が60以下の場合、
その数字があなたの**「天星ナンバー」**になります。
（合計した数字が61以上の場合、その数字から60を引いてください）

↓

【表2】の天星ナンバー対応表から、
あなたの天星を見つけてください。

2012年8月10日生まれの場合

1. 表1で2012年と8月が交わる数字は「30」
2. 「30」に生まれた日の「10」を足して、
30＋10＝「40」
3. 表2で「40」は「山脈」

天星はこちらからも
調べられます

【表1】生年月表

西暦(年)	和暦(年)	1月	2月	3月	4月	5月	6月	7月	8月	9月	10月	11月	12月
1920	T9	54	25	54	25	55	26	56	27	58	28	59	29
1921	10	0	31	59	30	0	31	1	32	3	33	4	34
1922	11	5	36	4	35	5	36	6	37	8	38	9	39
1923	12	10	41	9	40	10	41	11	42	13	43	14	44
1924	13	15	46	15	46	16	47	17	48	19	49	20	50
1925	14	21	52	20	51	21	52	22	53	24	54	25	55
1926	T15/S1	26	57	25	56	26	57	27	58	29	59	30	0
1927	2	31	2	30	1	31	2	32	3	34	4	35	5
1928	3	36	7	36	7	37	8	38	9	40	10	41	11
1929	4	42	13	41	12	42	13	43	14	45	15	46	16
1930	5	47	18	46	17	47	18	48	19	50	20	51	21
1931	6	52	23	51	22	52	23	53	24	55	25	56	26
1932	7	57	28	57	28	58	29	59	30	1	31	2	32
1933	8	3	34	2	33	3	34	4	35	6	36	7	37
1934	9	8	39	7	38	8	39	9	40	11	41	12	42
1935	10	13	44	12	43	13	44	14	45	16	46	17	47
1936	11	18	49	18	49	19	50	20	51	22	52	23	53
1937	12	24	55	23	54	24	55	25	56	27	57	28	58
1938	13	29	0	28	59	29	0	30	1	32	2	33	3
1939	14	34	5	33	4	34	5	35	6	37	7	38	8
1940	15	39	10	39	10	40	11	41	12	43	13	44	14
1941	16	45	16	44	15	45	16	46	17	48	18	49	19
1942	17	50	21	49	20	50	21	51	22	53	23	54	24
1943	18	55	26	54	25	55	26	56	27	58	28	59	29
1944	19	0	31	0	31	1	32	2	33	4	34	5	35
1945	20	6	37	5	36	6	37	7	38	9	39	10	40
1946	21	11	42	10	41	11	42	12	43	14	44	15	45

★Hitomi's Message★ ラッキーカラーはレッド！ 赤いものを身につけて出かけると、体のなかからエネルギーがわいてきます。

【表1】生年月表

西暦(年)	和暦(年)	1月	2月	3月	4月	5月	6月	7月	8月	9月	10月	11月	12月
1947	S22	16	47	15	46	16	47	17	48	19	49	20	50
1978	23	21	52	21	52	22	53	23	54	25	55	26	56
1949	24	27	58	26	57	27	58	28	59	30	0	31	1
1950	25	32	3	31	2	32	3	33	4	35	5	36	6
1951	26	37	8	36	7	37	8	38	9	40	10	41	11
1952	27	42	13	42	13	43	14	44	15	46	16	47	17
1953	28	48	19	47	18	48	19	49	20	51	21	52	22
1954	29	53	24	52	23	53	24	54	25	56	26	57	27
1955	30	58	29	57	28	58	29	59	30	1	31	2	32
1956	31	3	34	3	34	4	35	5	36	7	37	8	38
1957	32	9	40	8	39	9	40	10	41	12	42	13	43
1958	33	14	45	13	44	14	45	15	46	17	47	18	48
1959	34	19	50	18	49	19	50	20	51	22	52	23	53
1960	35	24	55	24	55	25	56	26	57	28	58	29	59
1961	36	30	1	29	0	30	1	31	2	33	3	34	4
1962	37	35	6	34	5	35	6	36	7	38	8	39	9
1963	38	40	11	39	10	40	11	41	12	43	13	44	14
1964	39	45	16	45	16	46	17	47	18	49	19	50	20
1965	40	51	22	50	21	51	22	52	23	54	24	55	25
1966	41	56	27	55	26	56	27	57	28	59	29	0	30
1967	42	1	32	0	31	1	32	2	33	4	34	5	35
1968	43	6	37	6	37	7	38	8	39	10	40	11	41
1969	44	12	43	11	42	12	43	13	44	15	45	16	46
1970	45	17	48	16	47	17	48	18	49	20	50	21	51
1971	46	22	53	21	52	22	53	23	54	25	55	26	56
1972	47	27	58	27	58	28	59	29	0	31	1	32	2
1973	48	33	4	32	3	33	4	34	5	36	6	37	7

【表1】生年月表

西暦(年)	和暦(年)	1月	2月	3月	4月	5月	6月	7月	8月	9月	10月	11月	12月
1974	S49	38	9	37	8	38	9	39	10	41	11	42	12
1975	50	43	14	42	13	43	14	44	15	46	16	47	17
1976	51	48	19	48	19	49	20	50	21	52	22	53	23
1977	52	54	25	53	24	54	25	55	26	57	27	58	28
1978	53	59	30	58	29	59	30	0	31	2	32	3	33
1979	54	4	35	3	34	4	35	5	36	7	37	8	38
1980	55	9	40	9	40	10	41	11	42	13	43	14	44
1981	56	15	46	14	45	15	46	16	47	18	48	19	49
1982	57	20	51	19	50	20	51	21	52	23	53	24	54
1983	58	25	56	24	55	25	56	26	57	28	58	29	59
1984	59	30	1	30	1	31	2	32	3	34	4	35	5
1985	60	36	7	35	6	36	7	37	8	39	9	40	10
1986	61	41	12	40	11	41	12	42	13	44	14	45	15
1987	62	46	17	45	16	46	17	47	18	49	19	50	20
1988	63	51	22	51	22	52	23	53	24	55	25	56	26
1989	S64/H1	57	28	56	27	57	28	58	29	0	30	1	31
1990	2	2	33	1	32	2	33	3	34	5	35	6	36
1991	3	7	38	6	37	7	38	8	39	10	40	11	41
1992	4	12	43	12	43	13	44	14	45	16	46	17	47
1993	5	18	49	17	48	18	49	19	50	21	51	22	52
1994	6	23	54	22	53	23	54	24	55	26	56	27	57
1995	7	28	59	27	58	28	59	29	0	31	1	32	2
1996	8	33	4	33	4	34	5	35	6	37	7	38	8
1997	9	39	10	38	9	39	10	40	11	42	12	43	13
1998	10	44	15	43	14	44	15	45	16	47	17	48	18
1999	11	49	20	48	19	49	20	50	21	52	22	53	23
2000	12	54	25	54	25	55	26	56	27	58	28	59	29

★Hitomi's Message★ 口元ケアが幸運のカギ。リップでうるおいをプラスするとビューティ運がアップ！

【表1】生年月表

西暦(年)	和暦(年)	1月	2月	3月	4月	5月	6月	7月	8月	9月	10月	11月	12月
2001	H13	0	31	59	30	0	31	1	32	3	33	4	34
2002	14	5	36	4	35	5	36	6	37	8	38	9	39
2003	15	10	41	9	40	10	41	11	42	13	43	14	44
2004	16	15	46	15	46	16	47	17	48	19	49	20	50
2005	17	21	52	20	51	21	52	22	53	24	54	25	55
2006	18	26	57	25	56	26	57	27	58	29	59	30	0
2007	19	31	2	30	1	31	2	32	3	34	4	35	5
2008	20	36	7	36	7	37	8	38	9	40	10	41	11
2009	21	42	13	41	12	42	13	43	14	45	15	46	16
2010	22	47	18	46	17	47	18	48	19	50	20	51	21
2011	23	52	23	51	22	52	23	53	24	55	25	56	26
2012	24	57	28	57	28	58	29	59	30	1	31	2	32
2013	25	3	34	2	33	3	34	4	35	6	36	7	37
2014	26	8	39	7	38	8	39	9	40	11	41	12	42
2015	27	13	44	12	43	13	44	14	45	16	46	17	47
2016	28	18	49	18	49	19	50	20	51	22	52	23	53
2017	29	24	55	23	54	24	55	25	56	27	57	28	58
2018	30	29	0	28	59	29	0	30	1	32	2	33	3
2019	H31/R1	34	5	33	4	34	5	35	6	37	7	38	8
2020	2	39	10	39	10	40	11	41	12	43	13	44	14
2021	3	45	16	44	15	45	16	46	17	48	18	49	19
2022	4	50	21	49	20	50	21	51	22	53	23	54	24
2023	5	55	26	54	25	55	26	56	27	58	28	59	29
2024	6	0	31	0	31	1	32	2	33	4	34	5	35
2025	7	6	37	5	36	6	37	7	38	9	39	10	40

【表2】天星ナンバー対応表

月	満月	4　10　33　39　45
月	上弦の月	11　17　32　38
月	下弦の月	2　3　8　41　47
月	新月	14　20　23　26　29　36
地球	空	6　43　49　54　55　60
地球	山脈	9　15　16　34　40　46
地球	大陸	1　5　50　53　56　59
地球	海	51　52　57　58
太陽	朝日	21　22　27　28
太陽	真昼	7　42　44　48
太陽	夕焼け	12　18　31　37
太陽	深夜	13　19　24　25　30　35

★Hitomi's Message★　あなたが「苦手だな」と思うことと積極的に向き合ってみると吉。

1

CHAPTER
キャラクターうらない

誕生日から導《みちび》き出された数字で、
基本性格、仕事運、恋愛運、相性のいい人、悪い人をうらなうよ。
そして、転生したらどうなるか。
破滅《はめつ》か回避《かいひ》か、ハッピールートへのヒントまで。

★Hitomi's Message★ いま「欲しい！」と思っているものは本当に必要？ もう一度しっかり考えると◎

月

MOON

繊細《せんさい》で神秘的《しんぴてき》な光のエネルギーの持ち主。

惜しみない奉仕《ほうし》と愛、心の触《ふ》れ合《あ》いによって

幸福をもたらすグループ。

満月
上弦の月
下弦の月
新月

満月《まんげつ》

愛情深いロマンチスト

「あとでやる」の星

ロマンチストの星

さびしがり屋の星

睡眠大事な星

気づかい上手の星

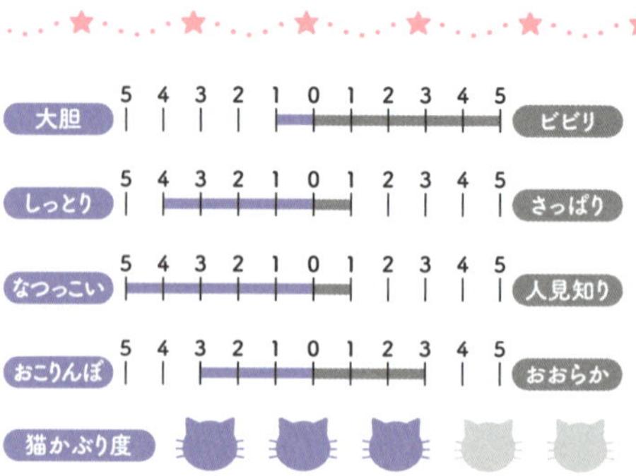

こんな有名人と一緒

芦田愛菜　阿部サダヲ
大西流星(なにわ男子)
河野純喜(JO1)　鈴木福
菅田愛貴(超ときめき♡宣伝部)
中島颯太(FANTASTICS)
生見愛瑠
VERNON(SEVENTEEN)
羽生結弦　松島聡(timelesz)
満島ひかり
宮近海斗(Travis Japan)
八木勇征(FANTASTICS)
山﨑賢人　山本聖子
吉澤閑也(Travis Japan)

基本キャラクター

想《そう》像《ぞう》力《りょく》豊かで、温かい心を持ったロマンチスト。楽しいことやおもしろいことが大好きで、困っている人を放っておけないサービス精神あふれる気づかいの人。「たしかに、なるほどね!」と会話をじっくり聞いてあげられる一方で、実はきらわれることを恐れているビビリさん。ときに冷静に物事を考えますが、周りの目が気になって、なかなか本当の心を見せられず、思うように行動ができない、なんてこともあるみたい。本来はめちゃマイペースでのんびりが好き。安心できる場所を探しています。やる気スイッチがなかなか入らず「面倒くさいな」とあと回しにしがちで、宿題などはギリギリになることも。やる気が出たら行動力抜群なので、「よくできたね!」「しっかりしているね」と言われるとテンションが上がるでしょう。ただし、人より物事について多く考えてしまうので、気づかないうちにキャパオーバーします。〝睡眠大事な星〟が入っているので、しっかり休息をとることがハッピーでいられるコツ。

ラッキーカラー パープル

ラッキースポット 夜《や》景《けい》スポット

ラッキーアイテム キャンドル

向いている仕事

自分のためより、人のための仕事で成功するタイプ。アーティスト、作家、芸能関係や、研究職、企画、構成などのお仕事が向いているよ。頭の回転が速く、注意深く仕事に取り組むので、仲間からの信《しん》頼《らい》も得やすいハズ! 常に心がけておきたいのは「作業に早く取りかかる」こと。

叶えるためには

興味のないことにはやる気ゼロで「もっとやればできる人」と言われたことがあるはず。目標を持って、あきらめず、努力を続けることが大事。

向いていない仕事

人間関係にストレスを感じやすい満月さん。人と助け合いながら進めていく仕事は、自分の心がすり減って、疲れてしまいがち。なので、警察官や公務員、法律関係の仕事などはあまり向いていないかも。繊《せん》細《さい》な作業が求められる仕事も避けたほうがよさそう。

成功のヒント☆

しっかりとアドバイスをしてくれる友達を探そう! グループのなかで自分のポジションをよく把握することが成功への近道に。

★Hitomi's Message★ 久しぶりの友達に連絡をしてみましょう。思わぬいい知らせが舞い込んでくるかも!?

恋をすると こうなる

好きになる相手は、第一印象で決まっていることも多いかもしれません。「冷たい人は苦手」なハズなのに、なぜかそういう人にひかれやすく、気づけばその人で頭がいっぱいになっていることも。態度に出ちゃうので周りにはバレバレだけど、好きな人には無自覚に駆けひきをする一面もあるでしょう。基本的に、つき合ってから相手の中身を知っていくタイプで、一度「この人!」と決めると長いおつき合いになっていく傾向《けいこう》が。一途《いちず》になるあまり、ほかの人と一緒のときも恋愛モード全開。ロマンチックなことも好きなので、寝ても覚めてもキュンキュンしていそう♡ 一方で「愛されているな」と実感すると、ちょっとだけ相手を放置してしまいがち。恋に破れたときは、ズンッと落ち込んで「もう恋なんてしたくない」「恋なんてできない」モードに。ズルズル引きずりがちだけど、周りに話を聞いてもらうことで癒《いや》されていくタイプ。意外とすぐに、次の恋愛ができてしまうのが満月さんの魅力です☆

恋愛グラフ

恋のはじまり
好きになったら一気に燃え上がる
「この人!」と決めたら長い!
キュンが全開!!
別れたあとは ズルズル
恋のおわり

相性GOODな天星 BEST3

上弦の月

安心感を与えてくれる 一生仲良しなパートナー

むじゃきな笑顔で安心感とぬくもりを与えてくれる上弦の月さんには「大好き」を素直《すなお》に伝えたり、やさしい口調で接するなど、ちゃんと愛を与えてあげて！ 相手もそれにしっかり応えてくれるから、ずっと仲良しな関係でいられます。相思相愛《そうしそうあい》になれたら運気も上昇！

山脈

楽しいことを共有できる めちゃハッピーな関係☆

一緒に同じ目的を持って遊んだり、勉強したり、お仕事したりするなかで、あなた自身が高められる可能性大！ 関係性を深めるには、感謝の気持ちを言葉でしっかりと伝えること。山脈さんが「楽しい！」と思えることをしてあげると、どんどん絆《きずな》が強まっていくでしょう。

空と満月

一緒にいると心地いい♡ 似た者同士のソウルメイト

言葉にしなくても「いま、こう思ってるよね」とわかってしまうほど、同じ感覚を持った相手が空さんと満月さん。困ったときは力をかしてくれる心強い味方になってくれます！ 本音で向き合っていくと、関係はネバーエンド♡ ときにはあなたが我慢《がまん》することも大事かも。

相性BADな天星

真昼

言葉づかいがストレートな真昼さん。打たれ弱い満月さんは、真昼さんの何気ない言葉にキズついてしまいそう。だけど真昼さんに悪気はないのであまり気にせず、サラッと流して大丈夫！ 「そういう性格の人なんだ」と理解できれば上手につき合っていけるよ。

★Hitomi's Message★ 午前中にヨーグルトを食べてみて！ 仲良くなりたいと思っているコから声をかけられるかも♡

転生×天星術

もしも**異世界**《ゲーム》に
転生したら…

魔法使い

おまかせあれ!
魔法で空飛びたーい!
お菓子出してー!

霊的な直感《ちょっかん》や感性がさえている満月さんがゲームのなかへ転生したら魔法使いに！ もともと人を楽しませたり、期待に応えようとサービス精神旺盛《おうせい》な気質の満月さん。困っている人には迷わず手助けをするので、ついついキャパオーバーになりがち。「今世では気をつけなくちゃ！」と思っていても、ついつい同じことをしちゃいそう。適度に自分の時間を持つように心がけると吉!!

もしも

名作ファンタジーに

転生したら…

『鶴の恩返し』のツル

あらすじ ある冬の日、雪の降り積もる山のなかで猟師《りょうし》の罠《わな》にかかっていたところを人間に助けられた1羽のツル。娘の姿になりその恩人のもとをたずねて、「布を織《お》って贈《おく》りたい。ただし絶対に部屋をのぞかないで」とお願いしました。そうして夜を徹《てっ》しては美しい布を織り上げ、その布にはたいそうな値がつきました。しかし日に日にやせほそっていく娘。彼女が気になって仕方ない恩人は、とうとうその部屋をのぞいてしまいました。そこには自分の羽根で美しい布を織っていくツルの姿が。「正体を見られたからには一緒にいられない」と悲しむツル。別れを嘆《なげ》く恩人に見送られながら、空へ飛び立ちました。

誰かのために尽くすタイプで、アーティスティックで、好きなことに没頭《ぼっとう》する――そんな満月さんは『鶴の恩返し』のツルと共鳴《きょうめい》し転生するでしょう。本来生まれ持っている“睡眠大事な星”を思い出せたら、憔悴《しょうすい》しない→約束は守られる!!から、一生大好きな人と暮《く》らせる可能性も！

もしも**虫**に

転生したら…

アメンボ

体長：11～16㎜　食べ物：幼虫も成虫も肉食性

生息地：池や沼、川

成虫が見られる時期：3～10月頃

アメンボが水面をスイスイ移動できる理由。それは1円玉＝アメンボ25匹分（※種類によってやや異《こと》なる）ともいえる身軽さと、口から出した油が脚先《あしさき》の毛についているためだそう。そんな安心・安定の象徴であるアメンボに満月さんは転生します。アメンボにははねがあって500m飛んだという報告《ほうこく》も。今世の満月さんは水辺も空もロマンチックに楽しめちゃう!!

★Hitomi's Message★　上を向いて1～24のなかで好きな数字をひとつ思い浮かべて。その数字の時間にラッキーが!?

上弦の月《じょうげんのつき》

癒《いや》し系の愛されキャラ

ハマリ癖《ぐせ》がある星

同じ人と同じ場所にしかいない星

ほめられると弱い星

ねぇねぇ

聞いて〜♪

美意識高い星

ストレスで胃《い》腸《ちょう》炎《えん》の星

こんな有名人と一緒

大平祥生（JO1）　上白石萌音
木村文乃　指原莉乃
佐野雄大（INI）
志尊淳
JOSHUA（SEVENTEEN）
富澤たけし（サンドウィッチマン）
西洸人（INI）
堀夏喜（FANTASTICS）
本田翼
松田元太（Travis Japan）
松本かれん（FRUITS ZIPPER）
ムロツヨシ　芳根京子

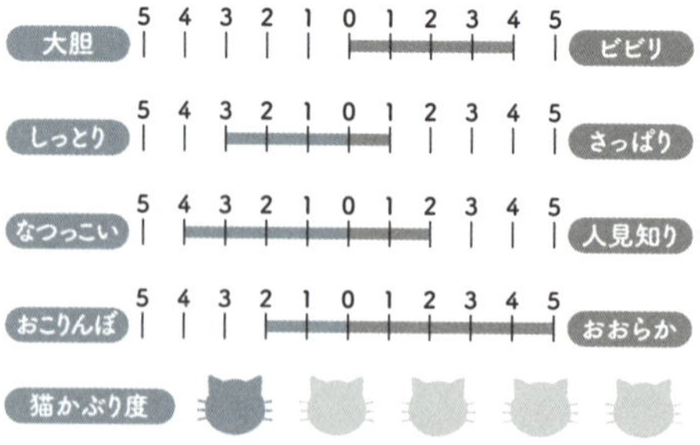
5 4 3 2 1 0 1 2 3 4 5
大胆
ビビリ
しっとり
さっぱり
なつっこい
人見知り
おこりんぼ
おおらか
猫かぶり度

基本キャラクター

癒《いや》しのオーラをもっている上弦の月さんは、みんなをなごませるのが得意で、愛される気質を持っています。美的感覚が12天星イチで、キレイなものも大好き。直感力《ちょっかんりょく》も高く、自分なりの強いこだわりがあるでしょう。むじゃきでピュアなので仲良くなった相手には「ねぇねぇ、聞いて〜」と無自覚であまえん坊に。猫をかぶらずとも、守ってあげたくなる愛くるしさにあふれているでしょう。一方で警戒心《けいかいしん》が強く、基本的に好きな人としか一緒にいない〝ウサギの星〟が入っています。興味のない人には無関心。無理をして世界を広げたいという願望《がんぼう》もないので、あまり大胆な行動を起こすタイプではないかも。ほめられることが好きなので、純粋な性格からだまされてしまうことも。同じ人と同じ場所に行ってのほほ〜んと生きるのが幸せだから、不慣れな場所ではストレスから胃とお腹が痛くなりがちです。なので自由にふるまえる居場所《いばしょ》が幸運の基盤《きばん》になるでしょう。がんばりすぎちゃうところもあるのでたまには息抜きを!

ラッキーカラー　ホワイト

ラッキースポット　城

ラッキーアイテム　日記

向いている仕事

センス抜群の上弦の月さんはファッション系や芸術系のお仕事が向いていそう。持ち前の人当たりのよさを活かせるホテル関係、飲食系や医療関係のお仕事も◎ 壁《かべ》にぶつかっても自信をもってあきらめなければ、成功に近づくことができるよ！

叶えるためには

仲間と励まし合いながら、目標に向かって前に進んでいくのがGOOD！ 上弦の月さんの言葉には力があるので、積極的にいろんな提案をしてみると目標や夢に近づくでしょう。

向いていない仕事

営業や販売、広告など、ノルマに追われるお仕事は、キャパオーバーになりやすいのであまり向いていないかも。また人とコミュニケーションをとる機会《きかい》が多く、それを活かしながら進めるお仕事は、できるだけストレスをためないことを意識すると◎

成功のヒント☆

公私ともに心から信頼《しんらい》できる友達をつくること！ 上弦の月さんの心が安定するので、どんな逆境《ぎゃっきょう》にも立ち向かう強さが身につくでしょう！ 感謝の気持ちも忘れずに!!

★Hitomi's Message★ ウワサ話の輪に入ると運気がダウン。ワクワクすることに没頭《ぼっとう》する時間をつくってみて。

恋をするとこうなる

美的感覚がするどいので、中身よりもとにかく見た目重視派！　かっこいい人やかわいい人がいると思わず目で追いかけて、どんどん心がひかれていくタイプです。友達にはバレないようにふるまっているつもりでも、勘《かん》のいい人にはバレてるかも⁉　少しビビリなところもあるので、負ける勝負は絶対にしない主義！　ジワジワと相手の様子をうかがって「これはイケる！」と思ったら即行動。確実に相手を落としちゃうことも。おつき合いがはじまると、穏《おだ》やかな日々が長く続いていきそうだけど、あまえん坊だから、ちょこっとだけわがままなところも出てきがち。安心感がなにより大事なので、基本的に浮気はしない一途《いちず》さん。だからこそ、裏切《うらぎ》られたり、お互いの気持ちが平等じゃなくなると「次、次！」と切り替えてお別れを選択。恋のキズは時間がゆっくり修復《しゅうふく》してくれます。心の穴を埋めるために無理に新しい恋をスタートさせず、元恋人のことを悪く言わないでいると、出会い運に恵まれるでしょう。

恋愛グラフ

恋のはじまり
ROCK ON
「イケる！」と
思ったら
猛《もう》アプローチ
長く安定した
おつき合い
復縁《ふくえん》は無理！
次、次！
恋のおわり

相性GOODな天星 BEST3

心から信じ合うことで スペシャルな関係に♡

満月

不思議と気が合う満月さんと特別な関係に発展していくためには、心をオープンにして信じ合うこと！ 上弦の月さんのことを一途に思ってくれて、頼れば頼るほどがんばってくれるやさしい性格だから、あなた自身も飾らずにありのままでいられるでしょう。

不思議な縁がある いい意味でのライバル

朝日と新月

共通点はないものの、なぜか無性《むしょう》に気になり、上弦さんとひかれてしまう朝日さん、新月さん。良きライバルとしてお互いのいいところを認め合えると関係値はぐんぐん上昇していきます。一緒にいると自然とがんばる心がめばえるので、自分を高められる可能性も大♡

楽しい話で絆が深まる、抜群の好相性！

大陸と真昼

さっぱりとした気持ちのいい性格をしている大陸さん&真昼さんとは、フィーリングがばっちり♡ 難しい話より、楽しい話をたくさんすると吉！ ふたりで冒険をしたり、ふたりだけにしかわからない話のネタをつくると一気に距離が縮まるよ。時間をかけて仲を深めて！

相性BADな天星

下弦の月

グループでいるときはあまり気にならないけど、1対1になるとノリもフィーリングもなんだか異和感《いわかん》があるのが下弦の月さん。口だけだったり、約束を守ってくれなかったり、感覚が真逆だなぁと感じちゃいそう。下弦の月さんは忘れっぽく少し天然な性格だから、あなたが大人になって見守ってあげると仲良くなれます！

★Hitomi's Message★ チャレンジ運が絶好調！ 新しいことをはじめると、これからの人生がいい方向に進むかも♪

転生×天星術

もしも異世界《ゲーム》に
転生したら…

王宮の侍女《メイド》

王様やお姫様の身の回りの世話をする侍女。でも決していちモブでおわることなく、むしろ特別扱いされる高貴《こうき》な存在——上弦の月さんが転生するのはそんな侍女でしょう。癒《いや》し系の愛されキャラはこの世界でも健在《けんざい》！ いつも同じ場所、同じ人と一緒にいないとさびしくてどうにかなってしまう気質は愛らしさ抜群♡　王様やお姫様もあなたを放っておけなくなります。

もしも
名作ファンタジーに
転生したら…

『不思議の国のアリス』の白ウサギ

あらすじ ある日の午後、川べりで退屈《たいくつ》していたアリス。そこへ時計を持った白ウサギが「急がなきゃ！」と言いながら走っていきました。気になって追いかけ穴に飛び込むと、そこは不思議の国。白ウサギにメイドだと勘違《かんちが》いされたアリスは、青虫の森や公爵《こうしゃく》夫人の家を訪れ、チェシャ猫に導《みちび》かれマッドハッターのお茶会に参加、そしてハートの女王の庭を訪れることに。飲み食いするたびに、体が大きくなったり、小さくなったりするアリス。そして常識が通用しない不思議の国の住人たち。最後は理不尽《りふじん》にも処刑《しょけい》されそうになり大暴れしているところで、アリスは夢から目覚めたのでした。

やさしく繊細《せんさい》、警戒心《けいかいしん》が強い上弦の月さんの本性には“ウサギの星”が入っています。名作ファンタジーの世界では、かなりの確率《かくりつ》でウサギに転生する可能性が大。ただしアリスが巻き起こす騒動《そうどう》に人知れずストレスを抱え胃《い》腸炎《ちょうえん》になるかも。気をつけて！

もしも虫に
転生したら…

アゲハ

体長：春型40～45㎜、夏型50～60㎜
チョウのなかでは最も大型の分類群　生息地：人里や市街地
食べ物：成虫は花のみつ、幼虫はミカン科の若葉を食べる
成虫が見られる時期：4～10月頃

ギリシャや中国の神話に、神の使いや魂《たましい》の導き手としての役割を果たす存在として登場するアゲハ。古来より変化や再生の象徴《しょうちょう》とされてきました。12天星イチ美的感覚が鋭敏《えいびん》な上弦の月さんのルートはアゲハ一択。今世では優雅《ゆうが》で華麗《かれい》なアゲハとして最上級の美を徹底《てってい》追究するでしょう！

★Hitomi's Message★　どんな悩みでも必ず時間が解決してくれます。落ち込んだら空を見て！

下弦の月《かげんのつき》

愛嬌《あいきょう》のスペシャリスト

天真爛漫《てんしんらんまん》の星

話し上手の星

あざとい星

カリスマの星

突然シャットアウトする星

それいいね!

OK! OK!

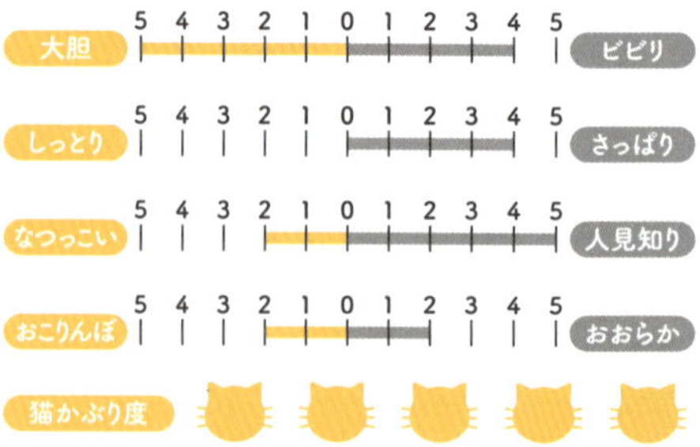

大胆
ビビリ
しっとり
さっぱり
なつっこい
人見知り
おこりんぼ
おおらか
猫かぶり度
5 4 3 2 1 0 1 2 3 4 5

こんな有名人と一緒

池崎理人（INI）　池田美優
S.COUPS（SEVENTEEN）
柄本時生　木村昴
サクラ（LE SSERAFIM）
白岩瑠姫（JO1）
戸田恵梨香　田中みな実
二階堂ふみ　はじめしゃちょー
平野紫耀（Number_i）
広瀬アリス
ホ ユンジン（LE SSERAFIM）
眞栄田郷敦　松田迅（INI）
真中まな（FRUITS ZIPPER）
ラウール（Snow Man）

基本キャラクター

"話し上手で聞き上手な星"をもつ下弦の月さんは、コミュニケーション能力が高くて、楽しいことが大好き! 「OK! OK!」「それいいね」と天真爛漫なノリで誰とでも合わせられるやさしさと世《よ》渡《わた》り上手な面があるでしょう。けれど、自分ではどこか人見知りだと思っているフシがあり、本当の自分をなかなか出せないので、猫をかぶっていないつもりでもしっかりかぶっているタイプ。人の話を自分のことのように話してしまったり、かわいいウソをつくおちゃめな面も。そんな少し抜けているところも魅力のひとつ。相手しだいで仮面をつけたりはずしたりする"仮面の星"があるので、柔軟《じゅうなん》に自分をコロコロと変えながら人脈を広げて確実に成功していくでしょう。ただし自分の本音がどこにあるのかわからなくなったりするので要注意! 無自覚ですが、根《こん》拠《きょ》のない自信があるのでほめられることで本領発揮《ほんりょうはっき》。ずっと言い続けてると本当になるのもすごいトコロ。否定されるとシュンとなります。集中力はあるけど、飽きっぽく、好奇心旺盛な天然さんです。

ラッキーカラー　イエロー

ラッキースポット　遊園地

ラッキーアイテム　文房具

向いている仕事

得意分野や趣味を活かせるお仕事が吉! たとえばファッション関係、ウェブ関係、動画編集、旅行関係、飲食関係など。研究職や語学関係もオススメ。資格をたくさんとり、肩《かた》書《が》きを増やしたり、国家資格を目指すのも下弦の月さんにぴったり。最後までやり抜くことが大事。

叶えるためには

小さい努力を日々続けていくことが大事! 口だけにならずに有《ゆう》言《げん》実《じっ》行《こう》を意識すると未来は好《こう》転《てん》。三日坊主を恐れずに、やりたいことはまず行動に移してみるといいでしょう。

向いていない仕事

ひとりで作業する仕事だと、集中力が途切れやすいみたい。また、がんばりが評価されにくいお仕事は長続きしません。忘れたり、ミスが致《ち》命傷《めいしょう》になるお仕事も不向きかも。貿《ぼう》易《えき》関係や証券《しょうけん》会社、医《い》療《りょう》関係、不《ふ》動《どう》産《さん》関係などは下弦の月さんにとってストレスが溜《た》まりやすい傾向《けいこう》が。

成功のヒント☆

こまめにメモを取るクセをつけること。一度決めたことは最後までやり遂《と》げるなど、芯の強さを鍛《きた》え上げることも大事です。まずは、今日できることは今日のうちにすませましょう。

★Hitomi's Message★ 健康運に注意! 手洗い・うがいをきちんと心がけて、フルーツを食べれば元気いっぱい!

恋をするとこうなる

直感的《ちょっかんてき》にビビッとくる場合もありますが、自分のことをほめてくれたり、自分のことを好きな人に弱いので「この人私のこと好きかも？」と感じれば恋愛スイッチON！ 気になった相手がなにを好きかもリサーチし、相手の好みに合わせ自分を変えることもできるでしょう。おつき合いがはじまると、最初はすごく一生懸命。尽くされると好きな気持ちがグイッと上がるけれど、わりと気分の波が激しいので、気がつくと相手をふり回してしまいがち。いいと思ってやってあげたのに、反応がイマイチだと「なんで？」と気分が急降《きゅうこう》下《か》。恋は長く続くか、短くおわるかのどちらかで、恋に破れたら周りの友達、特に異性にすぐヘルプ！ 話を聞いてもらうとスッキリするようで、すぐに次の恋にチェンジできそうです。恋がうまくいっていないときはさびしさを埋めてくれる人に流されがち。やさしくしてくれる人に甘えてしまい、おつき合い進行中に別の恋がはじまってしまうなど、少し重なってしまうこともあるかもしれません。

恋愛グラフ

相性GOODな天星 BEST3

深夜

自由なペースでマッチ！趣味をわかち合う相手

ちょっぴり個性的な深夜さんのアドバイスを聞いて行動すると新しい発見の連続が!? 下弦の月さんの才能を伸ばしてくれる特別な存在になってくれるでしょう。お互い束縛《そくばく》が苦手で自由が好きなので、興味のあることや趣味に一緒に取り組むことで絆《きずな》がぎゅっ！

真昼と大陸

大人数よりふたりきり♥ あなたを高めてくれる相手

時間が経つと離れやすい相性でもあるけれど、あなたさえ飽きなければ大丈夫！ 真昼さんと大陸さんはピュアで素直《すなお》なので、あなたの求めることをこわがらずにストレートに伝えてみると吉。どんなことも乗り越えていける強力なパートナー関係になれるはず！

朝日

慣れてくると なんでも言い合えて楽ちん♡

一緒にいると家族のような気持ちになれる朝日さんとは物事の見方や価値観《かちかん》がそっくり！ 成長し合える間柄なので、二人で失敗を恐れず立ち向かって、手を取りながらいいところを伸ばしていきましょう。ウソをつくと関係性にヒビが入ってしまうかもだから要注意。

相性BADな天星

夕焼け

思い立ったらすぐに行動、ノリを大事にする下弦の月さんにとって、腰がやや重くマイペースな夕焼けさんはちょっぴり苦手。ささやかなミスやイヤなところを見つけても許してあげること！ 共通の趣味を見つけて一緒に楽しむように行動すると仲良くなれるでしょう。

★Hitomi's Message★ 人気運が高まっている日。ドット柄の洋服や小物を身につければさらに注目度がアップ！

転生×天星術

もしも異世界《ゲーム》に
転生したら…

お姫様

明るく、元気で、愛嬌《あいきょう》たっぷり。誰とでも仲良くなり、失敗してもめげないし、人をひきつけるオーラを放つ――そんなお姫様に転生するのが下弦の月さん。調子にのりすぎるとほめてくれる身内だけを信頼《しんらい》し、叱《しか》ってくれる人を敵認定する傾向《けいこう》が出てきがちなのでバッドエンドルート一直線。価値《かち》観《かん》が合う人を大事にすると回避《かいひ》できるかも!?

もしも
名作ファンタジーに
転生したら…

『ピーターパン』のティンカーベル

あらすじ　ある日、おとぎ話が大好きなウェンディの部屋に、決して大人になることのない不思議な少年ピーターパンと妖精《ようせい》のティンカーベルが現れました。「ネバーランドに来て、迷子の子供のママになってほしい」とお願いするピーターパンに困るウェンディ。だけど、ティンカーベルの魔法の粉で弟ふたりと一緒に夜空へと飛び出しました。どんどん仲良くなるピーターパンとウェンディに嫉妬《しっと》するティンカーベル。ピーターパンはそんなティンカーベルに激怒《げきど》し絶交《ぜっこう》を言い渡すことに。ひとりぼっちになったティンカーベルのもとへネバーランドの住人、フック船長が現れ、子供たちの居場所《いばしょ》を聞き出し、捕《つか》まえてしまって――。

天真爛漫《てんしんらんまん》なかわいさが魅力《みりょく》の一方で、すぐに怒ったり、ときに無鉄砲《むてっぽう》な行動をしでかしてしまうティンカーベルに転生するのは下弦の月さん。“話し上手で聞き上手な星”“仮面の星”を思い出せたら、ピーターパンとのケンカも、フック船長とのトラブルもチートで回避できそう！

もしも虫に
転生したら…

アカトンボ

（アキアカネ）

体長：40㎜前後　生息地：低地から山地の池、沼、水田に発生
羽化後は高原や山頂へ移動　食べ物：ハエやカなどの
小さな昆虫、幼虫のヤゴはミジンコや水生昆虫を食べる
成虫が見られる時期：6～12月頃

1万超ともいわれる眼《め》を持ち、広く遠くまで見渡せるトンボ。なかでもアカトンボは変化や成功の兆しともいわれています。そんなアカトンボに転生するのが下弦の月さん。今世はノリと愛嬌でみんなの願いを叶えて、茜空《あかねぞら》を自由気ままに羽ばたく存在になるでしょう。

★Hitomi's Message★　いらないものはすぐにゴミ箱へ。「あとで捨てよう」より「いま捨てよう」と行動すると吉。

新月《しんげつ》

クリエイティブな気分屋さん

私もそれでいいと思う

あまのじゃくの星

ミーティング大事の星

隠《かく》れフェロモン高めの星

神経細やかな星

どうしたの？

エゴサの星

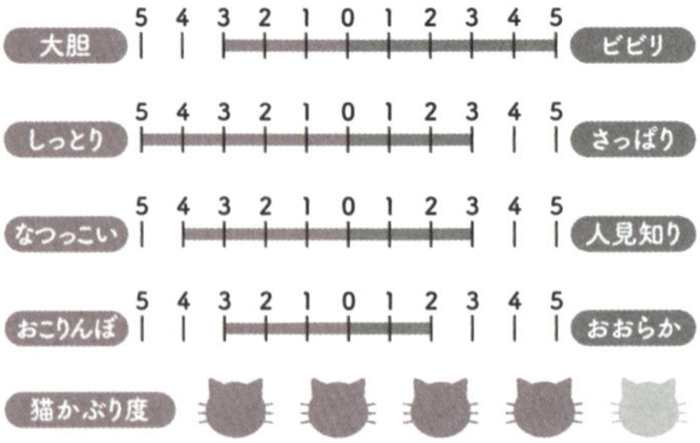

こんな有名人と一緒

R-指定（Creepy Nuts）
幾田りら　大谷翔平
大橋和也（なにわ男子）
後藤威尊（INI）　齋藤飛鳥
坂井仁香（超ときめき♡宣伝部）
佐藤景瑚（JO1）　杉咲花
高塚大夢（INI）　ダルビッシュ有
中川大志　長澤まさみ
中条あやみ　橋本環奈
ホシ（SEVENTEEN）
まひる（ガンバレルーヤ）
目黒蓮（Snow Man）
與那城奨（JO1）

基本キャラクター

発想力も空想力も豊かで人が思いつかないアイディアを生み出せるクリエイティブな才能を持った新月さん。内面はとっても繊細《せんさい》さんで、人の言葉の裏を読み、物事を先まで細かく想像《そうぞう》し、じっくり考えるタイプです。慎重で周りの目を気にしやすいので「私もそれでいいと思う」と本音を言わずうまく合わせていることも多いかもしれません。また「どうしたの?」となんでも知りたがるわりに、疑《うたぐ》り深くキズつきやすく、なかなか心を開かないのに、本当はさびしがり屋のあまのじゃくさん。なので、安心できる自分の居場所《いばしょ》をいつも探していて、「この人!」と決めたらなつっこくなり、気づいたときには依存傾向《いぞんけいこう》になっていることも。そんなピュアなオーラで周囲を魅了している新月さんは控えめなやさしさとしっとり穏やかな雰囲気もあって、モテモテな人も多いはず。ただ実は自信がないので心の拠《よ》り所を求めて、トレーニングにハマったり、ミーティングを繰《く》り返《かえ》す一面も。考えすぎず、ブレない信念を持つと開運!

ラッキーカラー　シルバー

ラッキースポット　公園

ラッキーアイテム　バスソルト

向いている仕事

クリエイティブな世界をつくりあげることが得意な新月さんは、人をサポートしながら、なにかをつくり出す仕事が向いています。たとえば芸術系や福祉《ふくし》関係、俳優《はいゆう》、美容系など。自然に関わる仕事も才能を発揮《はっき》できそう。成功のためには「人に喜んでもらえることをしてみる」。

叶えるためには

感情が浮き沈みしやすいので、気持ちを安定させて集中しよう! ネガティブな考えはすべて捨てて、ポジティブなことを数える努力をすると、夢のほうから近づいてくるはず!

向いていない仕事

人の顔色をうかがってしまう新月さんは、ノルマのある仕事や誰かになにかを指示する仕事はストレスがたまって疲れてしまいそう。法律関係や営業職、政治家などは向いていないかも。自分を追い込まずに、のびのび向き合える仕事を見つけてください。

成功のヒント☆

自分の知識や能力を高める努力をしてね。ネガティブな発想は捨てて、自分が自信を持てるものを探してみよう。それを極めていくことで良い方向へと進んでいくでしょう。

★Hitomi's Message★ ラブ運が最高潮《さいこうちょう》! 好きなコや気になるコがいたら、自分から進んで声をかけてみて♡

恋をするとこうなる

派手な雰囲気を持った人より、ピュアな心を持った人が好きな新月さん。警戒心《けいかいしん》が強いので信用するまで時間がかかり、余計《よけい》な心配をしたり考えすぎたりすることもあるみたい。本当の気持ちを見せられず、行動にはなかなか移せないけれど頭のなかはその人でいっぱいに♡ 誰かと一緒に話していても心ここにあらず、といった感じになるでしょう。そのため口に出さずとも周りにはその恋がバレバレ！ おつき合いがはじまると、たくさん尽くして愛情をたっぷり注ぐタイプ。新月さんはさびしがり屋なのでいつもその人と一緒にいるくらい依存《いぞん》する傾向が。ただ、ツラいことをひとりで抱えこみやすく、感情が乱れやすいので、「なにか違うかも？」と感じると愛想《あいそ》が尽きて心を閉ざしてしまうこともあります。恋がおわると、冷静な顔をしながらも内面はしょんぼり。その恋がトラウマとなってズルズル引きずってしまうこともありそう。そんなときは友達と思いっきり騒いで、一時的に現実逃避《とうひ》をしてみてね！

恋愛グラフ

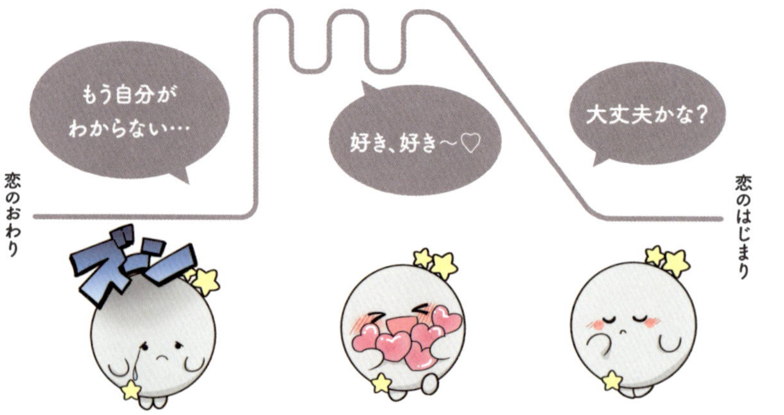

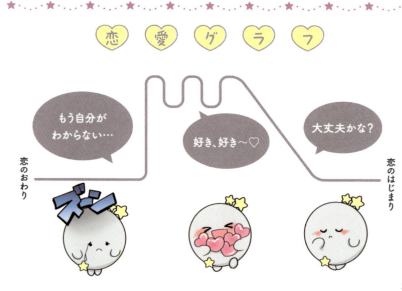

相性GOODな天星 BEST3

朝日

実は感覚が似ている
ゆっくり親友へとステップアップ

警戒心が強いところも本音をなかなか口にしないところもそっくり！ 一見タイプが違うように見えるけれど、話せば話すほどわかり合えます！ 時間をかければ気が置けない親友以上の関係になれそう！ お互いがポジティブでいることが良い関係を保つカギ☆

空

一緒にいるだけで自信が
わいてくる不思議な関係

新月さんの心をなぐさめてくれるのが空さん。そのやさしさに思わず胸キュン！ 空さんの強さにひかれて、自分も自信が満ちあふれる感覚を発見することができるでしょう。ちゃんとかまってくれるので、そばにいるととにかく安心♡ あなたの“居場所《いばしょ》”になるはず。

上弦の月と海

あなたの世界観をすごいと
認めて、憧《あこが》れてくれる存在

多くを話さずとも心で会話ができる上弦の月さん&海さん。新月さんも含め、みんな慎重派なので、心を開いて、本音で話すと長く一緒にいられるでしょう。いろんなところに遊びに行くと◎　あれこれ気負わず、深読みせず、ただただ楽しいと思う時間でみんなが幸運に。

相性BADな天星

山脈

実は価値観《かちかん》が異《こと》なるふたり。ちょっぴりクールな山脈さんはあなたのささいな言動にあきれかえってしまっているかも。こちらから寄《よ》り添《そ》って山脈さんに近づいていくことで険悪《けんあく》なムードもだんだんと変わっていくはず。まずは感謝の気持ちを言葉で伝えてみるといいでしょう。

★Hitomi's Message★　周りと自分を比べていませんか？ いまある幸せをきちんとかみしめれば自信につながります。

転生×天星術

もしも**異世界**《ゲーム》に
転生したら…

魔《ま》王《おう》

独特《どくとく》の感性とスペシャルな世界観がある新月さん。いつも自分探しをしているんだけれどちょいちょい迷子になりがち。本音を明かせる相手が見つからず、感情のコントロールができなくなることも。そんな新月さんがゲームのなかへ転生したら魔王ルートの可能性大。大丈夫、得意のおしゃべりで勇者たちとコミュニケーションをとることができたら、最低最悪の破滅《はめつ》は回避《かいひ》できます。

もしも
名作ファンタジーに
転生したら…

『おやゆび姫』のおやゆび姫

あらすじ　チューリップの花から生まれた親指ほどの女の子。「おやゆび姫」と呼ばれ幸せに暮らしていましたが、そのかわいさに心を奪《うば》われたヒキガエルがおやゆび姫を息子の嫁にしようと誘拐《ゆうかい》してしまいました。魚たちに救出されたものの、今度はコガネムシにさらわれ、そのまま置き去りに。行き着いた先は野ねずみの家でした。となりの家の裕福《ゆうふく》なモグラの巣穴《すあな》で、瀕死《ひんし》のツバメを介抱《かいほう》しながら暮らしていましたが、そのモグラとの結婚話が。「もう太陽を見ることができない」と結婚を嘆《なげ》くおやゆび姫。結婚式当日、介抱していたツバメがやって来て花の国へ逃げ出すことに。そこで出会った王子様と結婚し、幸せに暮らしました。

物事をじっくり考えながらも、ときに「まぁいいか」とあきらめがちな新月さん。波瀾万丈《はらんばんじょう》なおやゆび姫に転生しても、なんとかやっていけるはず。そしてどこにいても“ピュアの星”が輝き、周りが放っておかないので、ラストは助《すけ》っ人《と》が登場!!　ハッピーエンド確定でしょう！

もしも虫に
転生したら…

スズムシ

体長：15～17㎜　食べ物：雑食性《ざっしょくせい》
生息地：深い草むらに穴をほってすむ、
夜行性で昼間は物陰《ものかげ》に隠《かく》れる
成虫が見られる時期：成虫の羽化《うか》は8月頃で、10月頃まで鳴く

自然豊かな土地を好んで生息するスズムシ。「りぃーん、りぃーん」という夜通し続く繊細《せんさい》な音色《ねいろ》は、求愛のためだそうです。好きなことに向かってとことん突き進み、ルーティンをこなすことで自分の安心できる居場所《いばしょ》を見つける新月さん。恋愛を大切にしたい気持ちは虫になっても変わりません。

★Hitomi's Message★　**柔軟性が大切になる日。周りのアドバイスを素直《すなお》に聞き入れると、世界が一気に広がります！**

地球

EARTH

太陽と月の間でバランスをとりながら

地に足をつけて

現実をしっかり切《き》り拓《ひら》いていくしっかり者。

愛と調和のグループ。

海　大　山　空
陸　脈

★Hitomi's Message★　家族や友達への感謝の気持ちを忘れずに。恥ずかしがらずに「ありがとう」と伝えるとハッピー！

そら
空《そら》

負けずぎらいながんばり屋さん

バイタリティ
がある星

どう思う？

「お茶行こう」
の星

ツメが
あまい星

愚痴《ぐち》が
多い星

ねぇねぇ

ミーハーの星

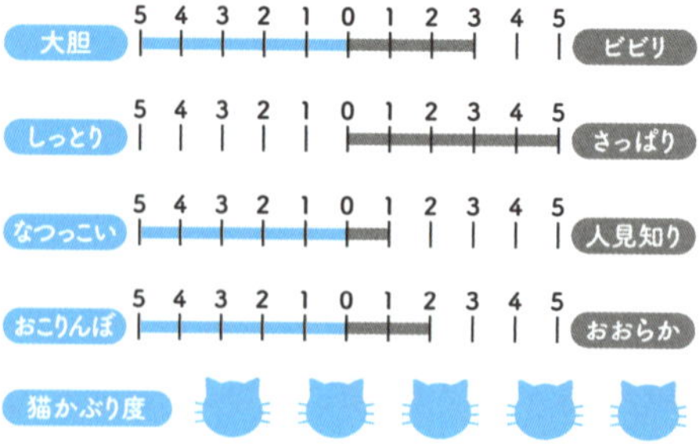

大胆
5 4 3 2 1 0 1 2 3 4 5
ビビリ
しっとり
5 4 3 2 1 0 1 2 3 4 5
さっぱり
なつっこい
5 4 3 2 1 0 1 2 3 4 5
人見知り
おこりんぼ
5 4 3 2 1 0 1 2 3 4 5
おおらか
猫かぶり度

こんな有名人と一緒

阿部亮平（Snow Man）
新田真剣佑
今田美桜
WOOZI（SEVENTEEN）
大泉洋
川島如恵留（Travis Japan）
川西拓実（JO1）
岸優太（Number_i）
SEUNGKWAN（SEVENTEEN）
高畑充希　滝藤賢一
仲川瑠夏（FRUITS ZIPPER）
波瑠　やす子

基本キャラクター

寛《かん》大《だい》な心の持ち主で困っている人を見ると放っておけなかったり、みんながイヤがることを引き受けたり、面倒見の良さが抜群なリーダー気質の空さん。人一倍負けずぎらいのがんばり屋さんで、睡眠時間を削《けず》ってでもやり抜くバイタリティがあるでしょう。「ねぇねぇ、どう思う?」と周りの意見を聞きながら目的をどんどん達成していくパワーがありとても多才な人ですが、どこか抜けていてツメがあまいところもあるかわいいタイプ。

ラッキーカラー　スカイブルー

ラッキースポット　カフェ

ラッキーアイテム　お香

サバサバしているので、たまに口調がキツくなりますが実は臆病《おくびょう》な一面も。また人なつっこさはあるものの〝釣った魚にエサをあげない星〟が入っているので、面倒くさくなると冷たくなりそうですが、それは愛情ゆえ気を許している証拠《しょうこ》かも。少しミーハーなところがあり、流行物や楽しいことには目がありません。人が大好きなので、「お茶行こう」と誘って相談したりされたりするなかで信《しん》頼《らい》関係を築き、交友関係を広げていくことができます。揺るぎない自信を持つように努め、丁寧な言葉を意識するとハッピーに。

向いていない仕事

努力は得意ですが“オフ大事の星”が入っているので休息がしっかりとれない仕事は難しいかもしれません。ついついがんばりすぎてしまうので、秘書やマネージャー業、事務系やIT系などデスクワークもストレスがたまりがちです。

成功のヒント☆

リーダー的存在になりやすいからこそ、自己満足ではなく、人の顔色を見ることを心がけて。思いやりと感謝の気持ちがあれば大丈夫。

向いている仕事

サバサバしたリーダータイプなので自営業や経営者向き。面倒見がいいのでコンサルタントやサービス業も向いているでしょう。フットワークが軽いので旅行関係や医療関係、スポーツ関係も適《てき》任《にん》！ どんな道に進んでも、やさしい気持ちで周りと接することで大成功へ！

叶えるためには

最後の最後まで気を抜かずにやり抜くこと！ 愚痴や陰《かげ》口《ぐち》は自分が言わないのはもちろん、なるべく聞かないようにしよう。

★Hitomi's Message★　景色がいいところに行って自然を眺《なが》めてみよう。悩んでいたことがちっぽけだったな、と気づくはず！

恋をすると こうなる

ふだんはしっかり者なのでそうは見えませんが、実は流されやすい一面が。特に恋愛では、自分より強く、強引な人やギャップにも弱く、冷たそうだけど自分だけにやさしかったり、チャラく見えてまじめだったりすると心が動き、感性が合うと意気投合。自分を必要としてくれる人に愛情を注いでいきます。そうなると相手のことで頭がいっぱいになり誰にも止められませんが、肝心の好きな人の前ではモジモジしちゃいがち。仲の良い友達には恋心を話さずにはいられなくなるタイプで、相談しているつもりがいつの間にかノロケ話に、なんてこともありそうです。恋のはじまりは愛嬌《あいきょう》をふりまくものの、おつき合いをすると冷めているわけではないのにスンとしがち。あまえるときはとびきりベタベタなのに、ネコのように気まぐれで、相手を戸《と》惑《まど》わせちゃうこともあるはず。ケンカは早口で相手を追いつめ、勝ちにいくでしょう。恋に破れたらどんどん自信がなくなっていき「私なんか…」という気持ちがめばえて、シュン。古くからの友達になぐさめてもらうのが◎

恋愛グラフ

相性GOODな天星 BEST3

空

絆《きずな》も濃く、深く♡ 良きライバルとしてもパーフェクト

なにもかもが息ぴったり！ おしゃべりしていても、お出かけしても楽しいし、お互いの足りない部分を補って高め合える存在です。積極的に関わっていくことでたったひとつの絆が生まれるでしょう。ピュアな心があればずっと一緒にいられる関係♡

満月

ダメな部分を見せてもへっちゃらなパートナー

良いところも悪いところも素《す》を見せ合えるのが満月さん。たくさんの愛をくれるから、ギブアンドテイクがカギになるでしょう。もちろん裏切りは禁物。ヒミツもつくらないように気をつけて。恋愛だけでなく、親友としてもGOODな相性！ やさしい言葉で接していくと◎

新月

抜群の居心地でいつまでも仲良し♡

なぜか憎《にく》めず、居心地がいいなと感じる不思議な関係。気づけばふり回されていることもあるけど、それさえも気にならないほどのスペシャルなつながりができるでしょう。関係を長続きさせるポイントは、新月さんをやさしく包み込み、寄《よ》り添《そ》ってあげること。

相性BADな天星

大陸

対立してもいいことなし。大陸さんのプライドを受け入れ、尊敬《そんけい》して、味方につけられたら最強のパートナーになるでしょう！ 仲良くやっていくためには、空さんが大陸さんのサポートをしたり、指摘されたことは素直《すなお》に聞いてみると良い距離感《きょりかん》を保ってつき合えそうです。

★Hitomi's Message★ ラッキーカラーはホワイト！ もう一度なにかに挑戦したくなる勇気がわいてくるでしょう。

転生×天星術

もしも異世界《ゲーム》に
転生したら…

酒場のネコ

おいしいお酒に料理が楽しめるとあって全国各地から旅人たちが集う酒場。いろんな情報が飛び交い、歌う人、踊る人、ケンカをはじめる人までさまざま。そんなにぎやかな酒場の看板ネコが空さんの転生先。自由気ままでクールと思ったら、あまえ上手でみんなの人気者。とにかく朝から晩までかまわれすぎるので、くれぐれもキレないように。

もしも
名作ファンタジーに
転生したら…

『星の王子さま』のバラ

あらすじ 小さな小さな星の王子さまには、大切にしている1本の美しいバラの花がありました。バラはプライドが高く、わがままを言っては王子さまを困らせますが、王子さまはお水をあげたり、風よけを作ったり、毛虫をやっつけたりしてたくさんの時間を一緒に過ごしました。そんなある日、ふとしたことでケンカに。王子さまはバラを星に残し旅に出ました。たくさんの星を訪れた王子さま。最後にたどりついた地球の砂漠《さばく》で、飛行士やヘビ、キツネと出会いました。「心で見なくちゃ物事はよく見えないってことさ。かんじんなことは、目に見えないんだよ」とキツネから言われた王子さまは、大切なことに気づいて星に帰ることになって――。

「こんなに美しいバラはこの世に1本だけ」と自信満々《まんまん》な『星の王子さま』のバラ。心の奥底《おくそこ》で「いちばんになりたい」と思っているフシがある空さんが名作ファンタジーの世界に転生するとこのバラになるでしょう。今世でも“釣った魚にエサをあげない星”が輝くので結末を変えるには相当な努力が必要!!

もしも**虫**に
転生したら…

ミツバチ

（ニホンミツバチ）

体長：15～16㎜（オス）、12～13㎜（働きバチ）、
17～19㎜（女王バチ）
生息地：山地のミツバチの巣《す》で1匹の女王バチと働きバチで暮らす
食べ物：花粉とミツ　成虫が見られる時期：3～10月頃

一生の間に100万個以上の卵を産む女王バチの世話をする働きバチはみんなメスで、なにもしないでブラブラしているオスに代わって、ベビーシッター、門番《もんばん》、ミツ集めなどいろんな仕事を分担《ぶんたん》。負けずぎらいでがんばり屋の空さんは、虫に転生しても働き者として大活躍！ だけどオスのせいで今世でもやっぱり愚痴は止まらなそう。

★Hitomi's Message★ **ラブ運を上げたい人は、友達の恋のサポートを！ 同時に友情運も上昇!!**

山脈《さんみゃく》

平和主義な理《り》論《ろん》派《は》なごみさん

周囲の目が
気になる星

ほめられて
伸びる星

好奇心旺盛《おうせい》
の星

うんうん
(うなずく)

愛され上手
の星

コスパ命の星

それさぁ

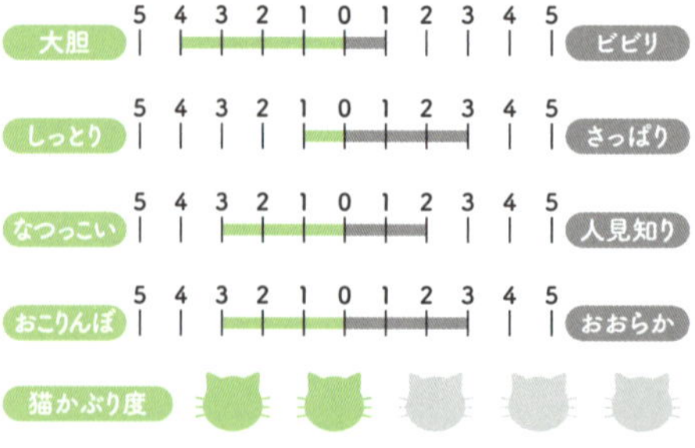

5 4 3 2 1 0 1 2 3 4 5
大胆
ビビリ
しっとり
さっぱり
なつっこい
人見知り
おこりんぼ
おおらか
猫かぶり度

こんな有名人と一緒

榮倉奈々　尾崎匠海(INI)
川口春奈　川尻蓮(JO1)
菊池風磨(timelesz)
櫻井優衣(FRUITS ZIPPER)
JUN(SEVENTEEN)
伊達みきお(サンドウィッチマン)
鶴房汐恩(JO1)　永野芽郁
広瀬すず
ホン ウンチェ(LE SSERAFIM)
松岡茉優
MINGYU(SEVENTEEN)
向井康二(Snow Man)
森香澄　森川葵
山下智久　吉高由里子

基本キャラクター

フレンドリーなオーラで場を和ませる愛されキャラ。やさしくナチュラルな愛の持ち主で、安定志向のある山脈さんは、ケンカやモメ事が大きらいなので、本心からそう思っていなくても「うんうん」と周りに合わせちゃうところもありそうです。好奇心旺盛なので、本気を出せば幅広い交友関係もつくれる人。一方で「来るもの拒まず、去る者追わず」のクールでドライな面がありますが、それは〝計算高くてスマートな星〟のせい。損得を見極め、トラブルを回避《かいひ》しながら、着実にコツコツと努力を重ねていけるでしょう。周りからの応援、評価、期待によって、やる気が高まり、ほめられると無邪気に喜び、大きくのびていけます。夢物語や妄想よりも、現実を生きる人。〝お得〟が好きで、コスパ命なのでエコバッグを持ち歩き、ムダをきらう節約上手さん。まじめで超現実主義なので、考え過ぎると自分理《り》論《ろん》と理屈《りくつ》が強まります。ペースを乱されないように自分を守る傾《けい》向《こう》もあるでしょう。ゆっくりですが、目標や夢を忘れなければ願いが叶いやすいタイプです。

ラッキーカラー グリーン

ラッキースポット 動物園

ラッキーアイテム リュック

向いている仕事

人間関係が良好な職場が◎　ホテル関係、客室乗務員、美容関係、先生など人の声を感じられる仕事が向いています。芸能、クリエイティブ系、レジャー関係など幅広《はばひろ》い人脈がメリットとなる仕事や、自分のペースで仕事ができる環境も能力を発揮《はっき》できるはず！

叶えるためには

コツコツかんばることができ、努力を積み重ねて大きな山をつくり出せるタイプ。途中で結果を気にしすぎず、焦らず自分を信じて進めば大丈夫。

向いていない仕事

理論理屈の思考ができるものの、基本が平和主義な山脈さんには、警察関係、弁護士、裁判官、政治家などの敵味方関係が生じる職業はやり抜くことはできますがストレスになりそうです。なるべく戦いのない職場を選ぶのがオススメです。

成功のヒント☆

自分の思い通りに物事が進まなくても決して逃げないで！ 周りの人に愛情を持って接すれば、使命感がめばえ、やり抜くことができるでしょう。

★Hitomi's Message★ 家族のお手伝いを率先してやってみよう！ 「水」にまつわるお手伝いをすると家族全員に幸運が。

恋をするとこうなる

愛され上手でアイドル的気質がある山脈さんは、恋のスイッチが入りづらく、「ちょっといいな♡」と思ったくらいでは本気になりにくい冷静さがあるでしょう。幅広い交友関係のなかで、ゆっくり時間をかけて本気の恋に落ちることが多いみたい。現実主義なところがあるので、相手の家族や友達関係、性格、趣味をじっくり観察。やさしいので相手に合わせられますが恋愛におぼれることはなく、本当は恋人だけれども、友達のようなさっぱりとした関係が居心地いいと感じそう。束縛《そくばく》されたり、ベタベタするのが得意ではないから、グループデートを重ねてワイワイしながら関係を深めていくタイプ。愛想《あいそ》がいいから相手が嫉妬《しっと》しちゃわないように気をつけると、関係は長続きするでしょう。一緒にいるだけ情もわいてくるので、恋に破れたらしっかり落ち込みモード。周りにいる友達に話を聞いてもらって失恋のキズを癒《いや》してみて。持ち前のフレンドリーさで友達が増えていくので、そのなかに次の気になる人、好きな人が現れるでしょう。

恋愛グラフ

相性GOODな天星 BEST3

満月と下弦の月

ほっこり安らげる♡ みんながうらやむ公認カプ

一緒にいるだけで幸せ～な気持ちになれるのが満月さん&下弦の月さん。おいしい食べ物を一緒に食べる時間が増えるほどハッピーに。周りがうらやむほどの公認カップルになれそう♡ たまに気分にのまれて疲れてしまうこともあるけれど、ほどよい距《きょ》離《り》感《かん》があれば大丈夫。

深夜

いままで気づかなかった 新しい世界にワクワク

山脈さんのなかに眠っている新《しん》感《かん》覚《かく》を呼び起こしてくれるのが深夜さん。いままでに体験、体感したことがない新しい世界にハートが高《たか》鳴《な》るはず。楽な気持ちで過ごせるので恋人としてもお友達としても最高のパートナーに。同じ趣味でもっともっと関係性を深めていけます。

山脈と夕焼け

バランスの良さ100点！ 好感覚なベストパートナー

話すことがなくても、ただとなりにいるだけでなぜか落ち着いちゃうのが山脈さんと夕焼けさん。同じ空間にいるとついつい笑顔が増えていくでしょう。黄昏《たそがれ》時《どき》の山の稜線《りょうせん》のように、楽しくて居心地のいい時間が、仲間を呼び、幸せが重なり大きな幸運が舞い込みます。

相性BADな天星

新月

理《り》論《ろん》や理《り》屈《くつ》では解明できないところがミステリアスな新月さん。山脈さんはそんな新月さんにふり回されてしまいますが、どうしても気になって、ひかれてしまうでしょう。ある程度わり切って仲良くするのがコツ！ 深入りさえしなければうまくいくでしょう。

★Hitomi's Message★ 道端に咲いているお花を見つけてみて！ 発見した数だけ素《す》敵《てき》ななにかに出会える予感☆

転生×天星術

もしも**異世界**《ゲーム》に
転生したら…

王様

協調性《きょうちょうせい》を重んじる平和主義の王様。トラブルを回避《かいひ》しながらコツコツ努力を重ねる——それが山脈さんの異世界転生先となりそうです。ただし“損《そん》得勘定《とくかんじょう》の星”が輝くと、「勝てない試合には出ない」となりがちで国の発展が見えなくなるでしょう。まじめなのは美点だけど、遊びがなくなるのがたまにキズということを心得《こころえ》るとハッピールートへ一直線。

もしも
名作ファンタジーに
転生したら…

『桃太郎』の仲間のイヌ

あらすじ 昔々あるところに、おじいさんとおばあさんが住んでいました。おじいさんは山へしばかりに、おばあさんは川へ洗濯に行くと、川上から大きな桃が流れてきました。持ち帰って食べようと桃を割るとなかから男の子が。桃太郎と名付けられた男の子はすくすく育ちました。そんなある日、島の悪い鬼のウワサを聞いて、桃太郎は鬼退治をすることを決意。おばあさんが作ってくれた日本一のきび団子を持っていざ出発!! 道中出会ったイヌ、サル、キジにキビ団子をあげておともにしました。ついに鬼と対決。桃太郎はイヌ、サル、キジの助けを借りて鬼をやっつけることができましたとさ。

損得勘定ができて、賢《かしこ》く従順《じゅうじゅん》な山脈さんは“イヌの星”が入っているので、『桃太郎』でも大活躍間違いなし。協調性を重んじるから、キジとサルとも末永く楽しく暮らせるし、きび団子の恩を忘れず桃太郎に寄《よ》り添《そ》えるからどう考えてもハッピーエンド！ ただし今世でもついつい調子にのりすぎちゃうとトラブルのもとになるから気をつけましょう。

もしも**虫**に
転生したら…

テントウムシ
（ナナホシテントウ）

体長：5～9㎜
生息地：枯れ木の樹皮の下や枯れ葉、キノコなど
食べ物：アブラムシ類
成虫が見られる時期：4～11月頃

敵に襲われると黄色いくさい液を出したり、死んだふりをするテントウムシは漢字で書くと「天道虫」。太陽に向かって高いところへのぼることが由来で、幸運のシンボルともいわれています。山脈さんは“計算高くてスマートな星”を持ち続けるから、今世でもいい人生になるでしょう！

★Hitomi's Message★ **宝探しをするつもりで周りの人の「いいところ」を探してみて。意外な発見があるかも！**

大陸《たいりく》

直《ちょっ》感《かん》型《がた》クリエイター

承認欲求《しょうにんよっきゅう》
強めの星

マウント
取りたい星

うけるw

強がり
の星

正義感強い星

それから？

ど根性の星

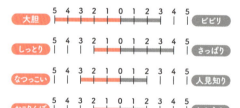

大胆	5 4 3 2 1 0 1 2 3 4 5	ビビリ
しっとり	5 4 3 2 1 0 1 2 3 4 5	さっぱり
なつっこい	5 4 3 2 1 0 1 2 3 4 5	人見知り
おこりんぼ	5 4 3 2 1 0 1 2 3 4 5	おおらか
猫かぶり度		

こんな有名人と一緒

賀来賢人
上白石萌歌　金城碧海（JO1）
小泉遥香（超ときめき♡宣伝部）
佐藤大樹（FANTASTICS）
JEONGHAN（SEVENTEEN）
白石麻衣　鈴鹿央士
世界（FANTASTICS）
高橋恭平（なにわ男子）
THE8（SEVENTEEN）
中尾明慶　仲野太賀
浜辺美波　横浜流星
よしこ（ガンバレルーヤ）

基本キャラクター

見た目はほんわかマイペースだけれども、ずば抜けた直感と決断力の持ち主。事象《じしょう》を冷静に分析、コツコツ信じた道を力強く進み、ここぞというタイミングで一気に物事を推《お》し進める実行力もあるでしょう。正義感が強く、〝仲間思いの星〟が入っているので、自分の味方だと思う人は守り抜く熱いパワーが。あざとさとはほど遠く、媚《こ》びるのも苦手。好ききらいが顔に出やすいストレートな気質です。ときどき無意識にマウントをとってしまい、キツい口調になっていることも。その反面、実は慎重《しんちょう》でこわがりな一面もあります。気になる話は「それから?」と、どんどん深掘《ふかぼ》りし、熱く語り、仲を深める傾向《けいこう》が。承認欲求高めのプライドが知的なオーラを輝かせるので、友達から相談を受けることも多いでしょう。実際、ズバッと的確なアドバイスができるので、周りから信頼《しんらい》もあるハズ。否定してくる相手のことは敵認定して、攻撃的《こうげきてき》になりがち。自分理《り》論《ろん》にこだわり、素直《すなお》になれないこともあるかわいい人です。

ラッキーカラー　レッド

ラッキースポット　デパート

ラッキーアイテム　腕時計

向いている仕事

高いプライドとキラッと光るセンスをもった大陸さんは、ファッション関係やカメラマン、モデル、美容関係、デザイナー、インテリアコーディネーターなどがばっちり！ クールさが必要な医療機関、警察官、裁判官、弁護士、公務員も○

叶えるためには

直感とセンスがある一方で安定志向もある大陸さん。冒険心をもって、ときにプライドをスルー、なにごとにもトライしてみると開運です。失敗は成功のもと☆

向いていない仕事

大陸さん目線で、誰にでもできるような仕事には魅力を感じず、ちょっぴり退屈《たいくつ》に。また愛想《あいそ》をふりまくタイプではないから、営業職やクレーム処理《しょり》だとストレスがたまります。清掃《せいそう》作業員、ガードマンなども向いていないかも。

成功のヒント☆

クールな雰囲気で「近寄りがたいな」と思われがちだから、常に笑顔を心がけて！ 白黒つけないと気がすまなくても、物事にはグレーもあることを受け入れると吉。

★Hitomi's Message★ 過去を気にしてふり返っていてばかりではラッキーが遠ざかってしまうかも。"先"が大事！

恋をするとこうなる

ちょっぴりドライな性格から、なかなか本気モードの恋に発展させられない大陸さん。好きなモノは好き、きらいなモノはきらい、とわかりやすく、好みはハッキリしています。媚《こ》びることが苦手で強がってしまいあまえられないタイプ。とはいえ、喜怒哀《きどあい》楽《らく》が顔に出やすいので、恋に落ちると相手にも周りの友達にもバレバレ！　ベタベタされたり、言い寄られたりするのは苦手。

自分から「いいな」と思った途端、恋がはじまる傾向《けいこう》が。おつき合いしたからといって、恋に夢中になりすぎることはなく、友達との時間や仕事や夢のための時間は重要。恋と人生をマゼコゼにしないのも特徴《とくちょう》です。その反面、ダメな相手にハマりやすく、正義感からズルズル関係を続けてしまうことも。恋に破れても気持ちの切り替えは早め。意外にキズついているのに、そう見せずクールなふるまいをしがちですが、ムリをしすぎず、ツラいときはツラいと口に出してみて。次の恋はもっと素敵《すてき》になります。

恋愛グラフ

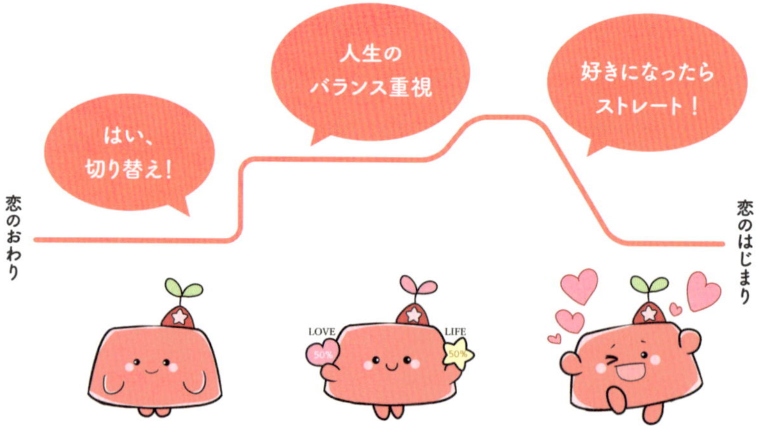
恋のはじまり
好きになったらストレート！
人生のバランス重視
LOVE 50%
LIFE 50%
はい、切り替え！
恋のおわり

相性GOODな天星 BEST3

深夜と朝日

新発想が飛び出てくる！ 唯《ゆい》一《いつ》無《む》二《に》のユニークな絆《きずな》

ソウルメイトとしてなんでも話せて、趣味が合えば向かうところ敵なし！　一緒にいると、ぶつかってちょっと大変だなと思うところもあるけれど、そんなすれ違いもうまくコントロールでき、特別な関係になっていくでしょう。ユニークなアイディアも生まれる予感☆

下弦の月

ふり回されることもあるけれど 向き合うことで居心地よく♡

愛嬌《あいきょう》があってコロコロと表情が変わる下弦の月さん。そんなつかみどころがないところを愛し、受け入れることができるのが大陸さん。テーマは好きなことが似ているかどうか。寄《よ》り添《そ》い上手な大陸さんのほうから歩み寄れば、さらに長いつき合いになるでしょう。

上弦の月

お互いを認め、高め合いつつ 良きライバル関係に☆

一見ビビリな上弦の月さんと、強めの大陸さんは真逆に見えるけれど、バランスが最高の組み合わせ。一緒にいることで自然と力を補い合い、成長していける関係になるでしょう。「本気であなたが必要」ということを伝えると、大陸さんのために一生懸命尽くしてくれます。

相性BADな天星

空

互いに自信があり、感情をストレートに出す強めのキャラなので、なにかとぶつかりやすそうな気配だけど、空さんは面倒見がいいので、頼ってみると幸運の近道が見えるでしょう。心に余裕をもって、イヤな感情を顔に出さなければ、きっと仲良くできるはず!!

★Hitomi's Message★　いい言葉を発すればいいことが起こる日。「でも」「だって」「あとでいいや」などの口癖《くちぐせ》に気をつけて。

転生×天星術

もしも異世界《ゲーム》に
転生したら…

勇者

正義感が強く、決断力も根性もある、ここぞというタイミングで一気に推《お》し進《すす》める実行力もある──大陸さんはそんな勇者に転生します。マイワールドがしっかりしているのは長所ですが、反対意見には聞く耳を持たないところがあるので要注意。気づくと周りに誰もいなくなってひとりぼっち、なんてことになると敵を倒してもバッドエンドかも!?

もしも
名作ファンタジーに
転生したら…

『3匹のこぶた』の三男のこぶた

あらすじ あるところに3匹のこぶたが住んでいました。長男はなまけ者、次男はめんどくさがり、三男は臆病者《おくびょうもの》。あるとき3匹はそれぞれ家を建てることに。長男はたばねた麦わらで家をつくり、あっという間に完成。2番目は次男の木の家、最後は三男のレンガの家ができました。そこへお腹をすかせたオオカミがやって来ました。オオカミが息を吹きかけると麦わらの家も木の家も簡単《かんたん》に吹き飛びましたが、レンガの家はびくともしません。苛立《いらだ》つオオカミはレンガの家の煙突《えんとつ》から入ることにしました。それを窓から見ていた三男は、急いで暖炉《だんろ》に大きな鍋をかけ、たき木をどんどん燃やしたのでした。そうとも知らないオオカミは煙突からぐらぐら煮立った鍋のなかに──。

一見穏《おだ》やかそうでいて、肝が据《す》わっている大陸さんの転生先は『3匹のこぶた』の三男のこぶた。ピンチにめげないタフなメンタルで、勝負には絶対負けない強さもあります。本来、義理人情にあつい“仲間思いの星”が入っているので、お兄さんたちへの的確なアドバイスができるはず!? オオカミをみんなでやっつけるエンドも簡単に実現可能でしょう。

もしも**虫**に
転生したら…

クワガタムシ

（ノコギリクワガタ）

体長：26～75㎜
生息地：クヌギなど
食べ物：幼虫はくち木、成虫はクヌギなどの樹液
成虫が見られる時期：7～9月頃

大陸さんが転生するのは虫のなかでも絶大な人気を誇るクワガタムシ。闘《とう》争《そう》のために発達したあごの力は、成人男性に換算《かんさん》すると、8t以上にもなるそう。今世でも大切な人を守るために熱いパワーで生きていくでしょう。

★Hitomi's Message★ 「言わなくてもわかる」との思い込みには注意。勘違《かんちが》いを生まないためにも会話を大切に。

海《うみ》

マイペースな完璧《かんぺき》主義者

それなんで？
大丈夫

決めつけて
勘違《かんちが》いしやすい星

自信家
の星

怒られたく
ない星

大丈夫な
ふりをする星

誰のことも
信じない星

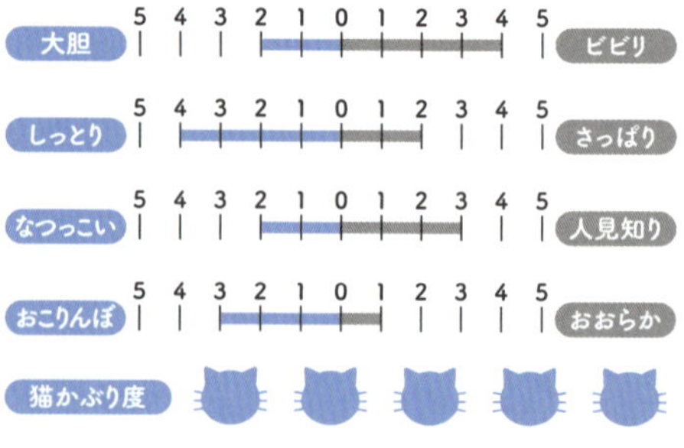

5 4 3 2 1 0 1 2 3 4 5
大胆
ビビリ
しっとり
さっぱり
なつっこい
人見知り
おこりんぼ
おおらか
猫かぶり度

こんな有名人と一緒

Ayase(YOASOBI)
WONWOO(SEVENTEEN)
カズハ(LE SSERAFIM)
菊川怜　桜田ひより
篠田麻里子
高橋メアリージュン
田中将大
DJ松永(Creepy Nuts)
長尾謙杜(なにわ男子)
長濱ねる　福原愛
松倉海斗(Travis Japan)
松下洸平

基本キャラクター

完璧を目指してがんばろうとするまじめな海さんは、あいさつやマナーもしっかり派なのに、家ではだらしなかったり、考えすぎて深読みしたり、突然大胆な行動をとったりと、いろんな二面性があります。ちょっと天然な面もあり、自分が思っている自分と、周りが思っている自分とでは結構ギャップが。負けずぎらいで強がり、少し頑固《がんこ》なところもあるので、誰かに強く指示されたり、怒られることがとっても苦手。なかなか人を信用できずじっくり観察しています。〝義理堅《ぎりがた》い星〟があるから一度信頼したら決して裏切《うらぎ》らないけど、いやなことをされたらしっかり根にもつタイプ。大丈夫じゃないのに「大丈夫」と言ったりするので、なにを考えているかわかりにくいところもあるけれど、ほめられると少し照れながらうれしそうにする愛くるしい人です。無自覚に物事を決めつけ、自分が正しいと思いこみやすいところもありますが、根はやさしく、こわがりなだけ。信頼《しんらい》する人に本音を話せるようになれば可能性が広がり、運命はあなたの味方に。

ラッキーカラー ブルー

ラッキースポット 水辺

ラッキーアイテム 観葉植物

向いている仕事

根っこがやさしく、尽くすタイプなので、学校の先生など教育関係、看護師や介護士が適職。人のためになにかをすることに喜びを持てると成功をつかめるタイプでもあるので、美容師やヨガインストラクター、アロマセラピストなども向いているでしょう。

叶えるためには

まずは頭をやわらかくして、相手の欠点が見えたら自分のことかもしれないと考え、受け入れようとすると吉。自分本位にならないように心がけること。

向いていない仕事

上下関係が厳《きび》しい環境だと、自分のペースが乱されてテンションが上がらずしょんぼり。スポーツ関係や料理人、お笑い芸人、金融《きんゆう》関係のお仕事は向いていないかも。自信家だけど繊細《せんさい》さんでもあるから、自分のプライドが保てる仕事を探してみると◎

成功のヒント☆

相手がなにを伝えようとしているのかを、いったん立ち止まって考えてみると頑固さが和らいでいくでしょう。“むじゃきで素直《すなお》”をテーマにすると、可能性が広がるよ。

★Hitomi's Message★ あまい話には要注意！ 周りに惑《まど》わされることなく、自分の芯をしっかり持つことが大事です☆

恋をするとこうなる

自分のことを「すごいね！」とほめて、高めてくれる人が大好きな海さん。もともとはキレイな人が好きなんだけど、いざとなると性格重視派で、計算しながら、疑いながら、ゆっくり慎重《しんちょう》に近づいていくタイプ。恋をしても、恋に落ちている自分を隠《かく》せるので友達にはなかなかバレにくいみたい。おつき合いに発展すると相手に合わせようと本音を言わなくなるところがあるけれど、わかってほしいと願う、難しい思考回路をしています。本当はもう冷めていても、愛があるように演出できるのもやさしい海さんの特徴《とくちょう》。だから恋人とはわりと長いスパンでつき合えるものの、我慢《がまん》は確実にたまっているので急に爆発！ 自分でも手がつけられなくなっちゃう、なんてこともあるみたい。早い段階で本音を見せて、意思表示をすれば長続きするはず！ 恋に破れたらズルズルと引きずりがち。友達に恋の相談をしてもなかなか言うことを聞かない海さんだけど、たまにはアドバイスを素直《すなお》に聞いてみると切り替えできるでしょう。

恋愛グラフ

恋のはじまり
こう見えて、実は性格重視！
周りより、意中の人ひとすじ♡
我慢の限界で大爆発！
恋のおわり
ズルズル

相性GOODな天星 BEST3

大陸

相談すると心がスッキリ
頼れる味方のような存在

直感《ちょっかん》がするどい大陸さんには、心の内を見せることができそうです。物事をはっきりと言ってくれるので、相談するとモヤモヤが晴れていきそう。一度信用するとゆるぎない絆《きずな》も生まれるでしょう。海さんの持つ感覚やセンスも、だんだんと研《と》ぎ澄《す》まされていきそう。

真昼

わがままを言っても問題なし！
カップルでも友達でもハッピー

気負わずわがままをぶつけてもサラリとポジティブに流してくれる真昼さん。海さんがさびしいときはフレッシュな気持ちを与えてくれるでしょう。ついつい考え込んじゃう海さんにとって、真昼さんは一緒にいればいるほど元気になり、前向きな気持ちをくれる存在です。

深夜

本気でぶつかり合えば、
深くわかり合える関係に

実は似た者同士。なにを考えているかわからない深夜さんに最初は戸惑《とまど》いながら。じっくり時間をかけて知っていくことでワクワクが止まらなくなるほど楽しくなるはず！ 相性アップの秘訣《ひけつ》は、本音で話すこと！ 意見が食い違ってもおしゃべりすることで解決!!

相性BADな天星

海

お互いが警戒《けいかい》しすぎてなんだか調子がくるうかも。やさしいし、相手に尽くせるからうわべではいくらでも仲良くできるけど、実は腹の裏を探《さぐ》り合ってしまって、見えない戦いが勃発《ぼっぱつ》。ぶつかるのではなく、いいところをほめ合うことで険悪《けんあく》なムードも変わっていくでしょう。

★Hitomi's Message★ 音楽を聴《き》くと一日が気分良好。リラックスできる曲を友達とシェアするとさらに◎！

転生×天星術

もしも異世界《ゲーム》に
転生したら…

ヒーラー

複数人のパーティのなかで、おもにHPの回復や状態異常《いじょう》の治癒《ちゆ》を担うプレーヤー。海さんが転生するのはそんなヒーラーです。完璧《かんぺき》を目指してがんばり抜くまじめな性格で、仲間のために良い薬を調合したり研究したり。その薬の分量や種類についてはくれぐれも決めつけて勘違《かんちが》いしないように。気づかないうちに毒薬《どくやく》を一生懸命つくっているという事態に!?

もしも

名作ファンタジーに

転生したら…

『浦島太郎』のカメ

あらすじ 昔々あるところに、浦島太郎という漁師《りょうし》がいました。魚を釣って両親と暮らしていた浦島太郎は、ある日、いじめられていたカメを助けたところ、そのお礼として「竜宮《りゅうぐう》」へ招待されました。そこは夢の国。宝石がちりばめられた広間で浦島太郎は、めずらしいごちそうを食べ、乙姫様《おとひめさま》や城の住人たちと歌や踊りを楽しみます。あっという間に3年の月日が。両親のことを思い出しやっと家に帰ることにした浦島太郎。残念がる乙姫様は「人間のいちばん大事な宝」という玉手箱を渡し、「決して開けないで」と浦島太郎に言います。カメに乗って帰宅した浦島太郎。そこでは300年の時が経っていました。困って玉手箱を開けると、煙がもくもく、浦島太郎は一気におじいさんになりました。

完璧を目指してがんばり抜くまじめな海さんは、過剰《かじょう》なほどの深い愛情の持ち主。『浦島太郎』のカメに転生したら、生来の“義理堅《ぎりがた》い星”から、浦島太郎への恩返しをきっちり果たそうとするでしょう。観察上手な一方で気まずい事情やトラブルはごまかす傾向《けいこう》があるので、時間の流れは察しているはず。今世こそホウ・レン・ソウ(報告《ほうこく》・連絡・相談)を徹底《てってい》! 浦島太郎を幸せにできるのはあなただけ!

もしも**虫**に

転生したら…

トノサマバッタ

体長:45～65㎜(オス)

36～40㎜(メス)

生息地:川原《かわら》などの草原

食べ物:おもに植物　成虫が見られる時期:7～11月頃

ジャンプは1m、はねを使えば50mもの距離《きょり》を飛ぶことができるトノサマバッタに転生する海さん。ハッピーエンドへの近道は、今世こそ話を正しく聞くこと! なんだけど、耳の位置が胸部にあり、ふだんははねの下。聞こえにくくても、文章を勝手に切り取るのはNGですよ!

★Hitomi's Message★　いままで興味がなかったことに目を向けてみよう。隠《かく》れた才能が開花する可能性大☆

太陽

SUN

パワフルかつ情熱的、
自由でむじゃきな波動で
世界を明るく照らすグループ。
変化や冒険によって輝きを増す個性派。

朝日　真昼　夕焼け　深夜

★Hitomi's Message★　寝る前に10分間楽しいことを考えてみて。次の日にはハッピーが訪れるはず！

朝日《あさひ》

フリースタイルな気分屋さん

見《み》栄《え》っ張《ぱ》りの星

人見知りの星

マネっこの星

むじゃきな星

面倒くさがりの星

私、コレがいい!

まぁ、いいんじゃない?

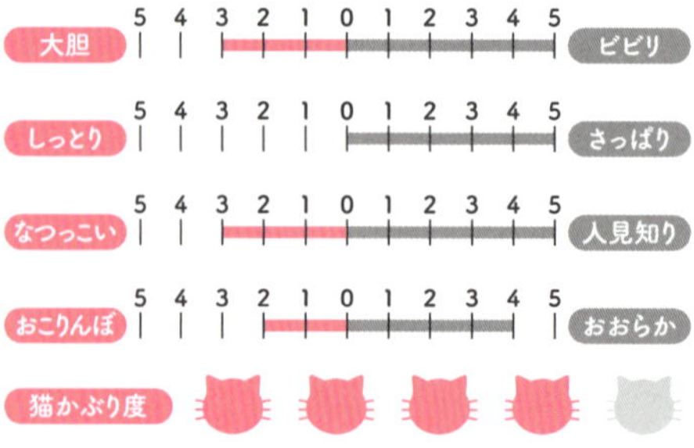

大胆 5 4 3 2 1 0 1 2 3 4 5 ビビリ
しっとり 5 4 3 2 1 0 1 2 3 4 5 さっぱり
なつっこい 5 4 3 2 1 0 1 2 3 4 5 人見知り
おこりんぼ 5 4 3 2 1 0 1 2 3 4 5 おおらか
猫かぶり度

こんな有名人と一緒

イチロー
伊藤沙莉
大竹しのぶ
キム チェウォン(LE SSERAFIM)
木村柾哉(INI)
桜井ユキ
許豊凡(INI)
髙橋海人（King & Prince）
辻野かなみ（超ときめき♡宣伝部）
DK(SEVENTEEN)
満島真之介
渡辺翔太(Snow Man)

基本キャラクター

マイペースで冒険心旺盛《おうせい》。楽しいことが大好きな朝日さん。とってもむじゃきで、ピュアなハートの持ち主ですが、実は人見知りさん。なので仲良くなるまで時間がかかることもありますが、趣味やノリさえ合えば意気投合。仲間を大切にしますが、その日のテンションで行動することが多く、気分がいいときはルンルン、悪いときはムスッとするわかりやすいタイプです。一度集中すると全力で取り組むけど、飽《あ》きるのも早い短期集中型。

自由を好み、少年少女の感覚のまま成長していきます。「まぁ、いいんじゃない？」が口癖《くちぐせ》の一方で、「私、コレがいい！」となにかを選ぶときははっきり！ 情に厚く、いざというときは責任感を発揮《はっき》します。スポンジのような吸収力があるので、「この人すごい」「尊敬できる」と感じるといいところをマネするなど、周りの影響《えいきょう》でどんどんステップアップしていける才能がある人です。ただし、余裕がなくなると理性がなくなり、気分が乱高下《らんこうげ》。見栄を張りすぎないように気をつけると良い方向に。

ラッキーカラー　蛍光色

ラッキースポット　展覧会

ラッキーアイテム　スニーカー

向いている仕事

刺激的《しげきてき》で変化のある自由な仕事がハマるでしょう。自営業や通訳《つうやく》、スポーツ関係、ヘアメイク、コーディネーターなどが◎　自分のペースをつくることができれば仕事運が上昇し、大きな成功につながる可能性大！

叶えるためには

信頼《しんらい》できる仲間が必要！ 自分にない価値観《かちかん》、尊敬《そんけい》できるポイントがある人を見つけると自分の夢や理想に近づけるでしょう。楽しみながら夢を追いかけるとハッピーに。

向いていない仕事

気分の上がり下がりが激しいから「なにか違う！」と思ったら、すぐほかのことに目移りしちゃうかも。じっくり誠実《せいじつ》に、長く続けることが求められる秘書や銀行員、公務員などは向いていなそう。1日のほとんどがデスクワークになる仕事も性格的に難しいと感じがち。

成功のヒント☆

気分しだいでメンタルが揺らいでしまいがちなので、どんなときもポジティブに楽しむ心を忘れずに！「仕事は仕事」と割り切って取り組むとどんな仕事でも乗り越えられるはず。

★Hitomi's Message★　好きな人や憧《あこが》れの人の“いいところ”を3つ挙げてみよう！ 予期せぬハッピーが降ってくるかも。

恋をするとこうなる

サバサバとした陽気なオーラを持っている朝日さんの恋の種は、学校や塾、職場や習い事、いつも遊んでいる場所などにあるみたい。友達として関係をスタートさせ、「この人、パートナーとしてアリかな？　ナシかな？」と常に様子を見ながら恋愛に発展させていくタイプ。見た目よりも一緒にいて楽しい人にひかれることが多く、友達のようなノリの良さを求めがちでしょう。おつき合いするとマイペースでちょっぴりわがままになる傾向《けいこう》が。気分の波が激しいので相手をふり回してしまうこともあるので注意が必要です。束縛《そくばく》をされた瞬間《しゅんかん》にスッと冷めるものの、好きな食べ物や笑いのツボの共通点が見つかると関係性がグッと親密《しんみつ》に。とにかく楽しいことが好きなので、恋人との約束よりも魅力的な誘いがきたら行きたくてウズウズ。一度「もう無理！」となると関係の修《しゅう》復《ふく》は不可能。恋に破れたときは気心知れた友達とパーッと遊ぶのが◎　朝日さんは恋をするたびに魅力がアップしていくタイプです。

恋愛グラフ

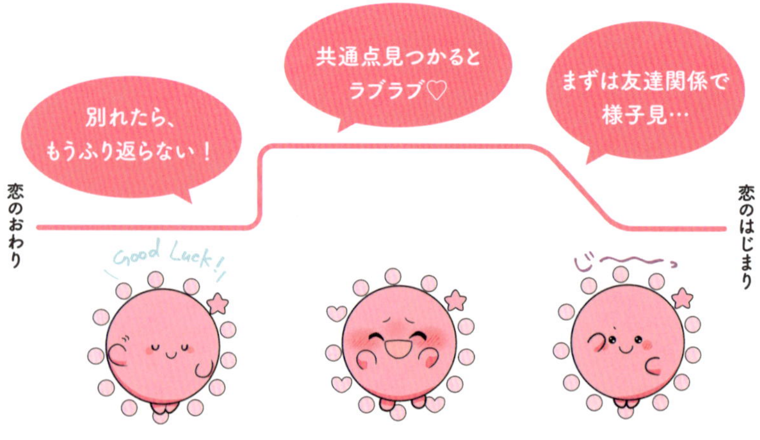

恋のはじまり
まずは友達関係で様子見…
じ〜〜っ
共通点見つかるとラブラブ♡
別れたら、もうふり返らない！
Good Luck!
恋のおわり

相性GOODな天星 BEST3

大陸

おっきなパワーをくれる懐《ふところ》の深さにキュン♡

一緒にいることで勇気を与えてくれる大陸さんとは、変に気をつかうことなくさっぱりつき合えそう。朝日さんのいいところを引き出してくれるので、一緒にいると急成長できるはず！ 適当《てきとう》な発言は封印《ふういん》して。笑いのツボがバッチリで楽しい時間を過ごせそう。

山脈

一緒においしいものを食べて、笑い合う関係に

友達感覚で楽しさを共有できる仲。周りの応援が元気のもとになるので、お友達を交えてみんなでデートしたり、ホームパーティしたりするのもオススメ。おいしいものを一緒に食べると関係が長続き。ワクワク、ドキドキを倍増《ばいぞう》させるためには笑顔を絶《た》やさないこと☆

新月

クセのあるフェロモンにハートがうっとり♡

好きなものやきらいなもの、したいことやしたくないこと、など物事に対する感覚や、ふとしたリアクションがそっくり！ 遊びでも勉強でも、同じ目標を持つとがんばる力が2倍になるので、向かうところ敵なし状態に。新月さんが放つ独特《どくとく》なフェロモンにハマるでしょう。

相性BADな天星

深夜

ノリもフィーリングもなんだか違うな、と感じそう。自分にない感性や正反対の性格が、朝日さんにとってはちょっぴり刺激《しげき》が強め。だからこそ妙にひかれて、気になっちゃう面も。なるべく深夜さんに寄《よ》り添《そ》って、想《おも》いを受け止めてあげればうまくいくでしょう。

★Hitomi's Message★ 部屋の片づけをすると思いがけないものが発見できそう！ それをお守りのように大切にしてみて。

転生×天星術

もしも異世界《ゲーム》に
転生したら…

エルフ

回復、攻撃《こうげき》、サポートなど精霊《せいれい》魔法を使うエルフは異世界でも特別な存在。楽しいことが大好きな朝日さんが異世界に転生したらエルフとして大活躍するでしょう。その場の直感《ちょっかん》とノリで動くので、周りからはなにを考えているかわかりにくいと思われますが、それも愛嬌《あいきょう》。周囲をひきつけるはず。

もしも
名作ファンタジーに
転生したら…

『一休さん』の一休さん

あらすじ 昔々、京のはずれの寺にとんちのきく一休さんがいました。寺の和尚《おしょう》さんはあまいものが大好きで、いつもひとりでこっそりあめ玉をなめていました。そして子供たちには、勝手に食べられないように「子供がなめると毒だ」とウソをついていました。ある日、和尚さんが出かけている隙《すき》に、あめ玉をみんなでなめてしまった一休さんたち。和尚さんは一休さんを責めますが、一休さんは「大切な硯《すずり》を割ってしまったので死のうと思って毒を食べました」と和尚さんに言いました。そんなふうに一休さんはとんちを使っては身の回りで起こるさまざまな問題や事件を解決していったとさ。

特別な才能をひとつだけ開花《かいか》させられる運命にある朝日さん。今世では一休さんとして、とんちの才に恵まれるでしょう。洞察力《どうさつりょく》がするどく、度胸《どきょう》があり、欲しがりさんな朝日さんですから、きっと大きな成功を手にするでしょう。寺の僧侶《そうりょ》にとどまらず、お殿様《とのさま》に気に入られて側近《そっきん》になったり、ときの将軍様のアドバイザーになったり、ハッピールートがたくさん♡

もしも**虫**に
転生したら…

カマキリ

（チョウセンカマキリ）

体長：65〜90㎜
生息地：明るい草原から林縁《りんえん》まで広く分布
食べ物：昆虫など
成虫が見られる時期：8〜11月頃

最大の武器は大きなカマ。その破壊力《はかいりょく》は人間に換算《かんさん》すると3t以上ともいわれ、飛んでいる鳥をハントしたという報告も。そんなカマキリに転生するのが朝日さん。短距離《たんきょり》なら時速20km程度で飛べる能力を使って、いろんな世界に飛び込めるから、今世もワクワク冒険が楽しめるはず♪

★Hitomi's Message★ いままでがんばってきたことが報《むく》われる日。スマイルでいるとラッキーが継続していくでしょう！

真昼《まひる》

愛らしいアクティブパーソン

短期間に
距《きょ》離《り》をつめる星

いま、
ヒマ～？

直《ちょっ》感《かん》・本《ほん》能《のう》
の星

スピード
重視の星

好ききらいが
強めの星

知ってる！
知ってる！

海外気質の星

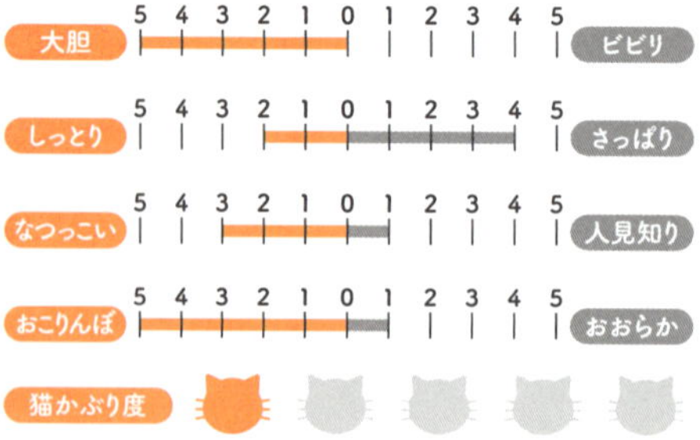

こんな有名人と一緒

岡田将生　河合優実
澤本夏輝（FANTASTICS）
神宮寺勇太（Number_i）
瀬口黎弥（FANTASTICS）
月足天音（FRUITS ZIPPER）
仲里依紗　西畑大吾（なにわ男子）
ヒカキン
本田望結
松坂桃李
宮舘涼太（Snow Man）
吉川ひより（超ときめき♡宣伝部）
渡辺直美

基本キャラクター

一見穏《おだ》やかに見えますが、物事を先取りするスピード感覚に優れ、大胆でパワフルな気質。とっても元気な行動派さんで、直感と本能のままに、まっすぐ突き進む熱いパワーを秘めた人。喜《き》怒《ど》哀《あい》楽《らく》が顔に出やすく、わかりやすいタイプです。怒ると瞬間《しゅんかん》湯沸《ゆわ》かし器《き》のようにかーっとなることもありますが、なにごとにも直球で熱しやすく冷めやすい、意外に単純で素直なやさしい人。好きな人には世話焼きタイプになるけれど、きらいな人にはペンもかしたくないほど、好ききらいが強めのわかりやすいタイプ。自分の勘《かん》で動くので、考えるより先に行動し、空回《からまわ》りしたり、無意識に余計な一言を言ったりしてしまうこともあるでしょう。「知ってる！　知ってる！」とノリだけで話を進めることもありますが、一度人を信頼《しんらい》すると一気に距離を縮めて、友達の友達まで輪を広げられる〝フレンドリーさ〟で、憎《にく》めない愛されキャラ。海外気質を持っているので、世界に出ても文化や言語の違いに物怖《ものお》じすることなくポジティブに活躍できるでしょう。

ラッキーカラー オレンジ

ラッキースポット 空港

ラッキーアイテム スマホカバー

向いている仕事

周囲にもまれることで大きな成長をするタイプ。自分の強みを活かすことで、組織を大きくすることに貢献《こうけん》できるでしょう。結果をきちんと出せる法律関係や出版関係、スポーツ関係や不動産《ふどうさん》関係などがオススメです。

叶えるためには

長い時間をかけてじっくり取り組むことで夢を叶えていけるタイプです。なので何かを決める前には一度立ち止まって考えてみましょう！　途中であきらめないで！

向いていない仕事

自分が思っていることなどが顔に出やすい真昼さん。まじめすぎる職業や感情を隠《かく》す必要がある仕事はストレスMAXに。たとえば営業や警察官、探偵《たんてい》など。自分流で突っ走るとトラブルを生みやすいので注意。

成功のヒント☆

思い込みが激しいところがあるから、早とちりと勘違《かんちが》いには要注意！　わからないことがあるときは、恥ずかしがらずにその場できちんと質問をしましょう。

★Hitomi's Message★ 常に冷静さを忘れずに！　感情にふり回されないようにゆっくり過ごしてみましょう。

恋をするとこうなる

直感《ちょっかん》・本能で行動する真昼さんの恋は、もちろん直球型！ 出会った瞬間《しゅんかん》に、恋の相手になるかどうかを判断し、「この人好き！」と思ったら止められません。人に相談をするものの、周りの声が聞こえなくなり、その人しか見えなくなってしまいます。目で追いかけちゃったり、メッセージよりも電話、電話より対面、と直接的なアプローチをする、とってもわかりやすい人。実は打たれ弱く、考えすぎるとまいってしまうのでキズつくことを恐れ、自分の思い通りにならないと、原因を考え、ダメなら「もういいや」と逃げ出すことも。おつき合いがはじまると簡《かん》単《たん》に情がわいてきて、ダメな相手とわかっていてもズルズルと続いてしまう傾向《けいこう》もあります。駆け引きに弱く、純粋で単純。腹黒い人にコロッとだまされることもあるので気をつけて。恋に破れると少しだけ落ち込むけれど、切り替えるのも得意。うまく吹っ切れないときはまったく知らない土地に行って、大きく深呼吸をしてみよう！

恋愛グラフ

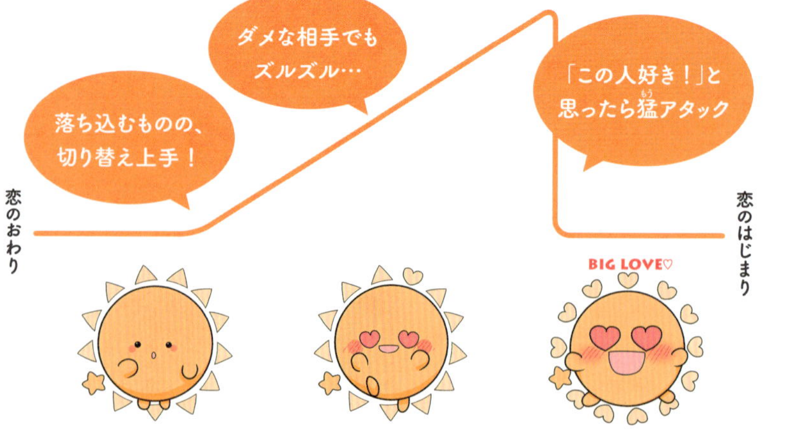
恋のはじまり
「この人好き！」と思ったら猛《もう》アタック
BIG LOVE♡
ダメな相手でもズルズル…
落ち込むものの、切り替え上手！
恋のおわり

相性GOODな天星 BEST3

空

どんなときも息ぴったり！ おもしろコンビのような関係に

いざというときに強いパワーを持っているのが空さん。ふたりだけのヒミツやおそろいのアイテムを持てば、絆《きずな》はどんどん深まっていくでしょう。尊敬《そんけい》できるポイントを見つけて、それを言葉でしっかり伝えることでコンビ力はさらに強くかたいスペシャルなモノに！

下弦の月

好きになればなるほど お互いがより熱く♡

たくさんおしゃべりすることで距離《きょり》が縮まり、どんな真昼さんを見せても大きな心で受け入れてくれるでしょう。広い世界を見せてくれる下弦の月さんには、思い切って好き好き攻撃《こうげき》をしてみるのが長続きのコツ。みんなから一目《いちもく》置かれる二人組になれちゃうかも♡

海

ついついかまいたくなる 放っておけない存在！

「うんうん」と楽しそうに海さんの話を聞いてあげると信頼度《しんらいど》が高まります。ケンカをしたときは、真昼さんが大人になってあげると、相性の良さもランクアップ！　真昼さんのまっすぐで一生懸命な行動に、誰よりも「すごいね！」と声をかけてくれる海さんを大切に。

相性BADな天星

満月

テキパキとした真昼さんと、のんびり屋の満月さん。決して相性が悪いというわけではなく、ただ単にスピードが違うだけ。満月さんはとってもキズつきやすく、気をつかいやすい人なので、やさしい言葉で接してあげるともっと仲良くなれます。

★Hitomi's Message★　うれしいことがあったらノートに書き出してみよう！ 見返すと幸せな気分に♡

もしも異世界《ゲーム》に
転生したら…

踊り子

妖艶《ようえん》な踊りで敵を惑《まど》わしたり、仲間には踊りでテンションを盛り上げて能力を高めたりする踊り子。それが真昼さんの転生先です。“冒険家の星”が輝き、国が違っても、友達の友達まで仲良くなる陽キャなので、仲間がどんどん増えていき有名なビックパーティーになりそう。“瞬間《しゅんかん》湯《ゆ》沸《わ》かし器《き》の星”は今世でも健在《けんざい》なので、怒りをコントロールできたらハッピーエンドルートです。

もしも
名作ファンタジーに
転生したら…

『アラジンと魔法のランプ』のランプの精《せい》

あらすじ ある日道端《みちばた》で商売をしていたアラジンのところに、おじいさんに化けた悪い魔法使いが。「洞窟《どうくつ》からランプを取ってきてくれたら欲しいモノをやる」と言われたアラジンは、洞窟のなかで指輪の精とランプの精を呼び出すことに成功。さらにおじいさんの悪巧《わるだく》みを見破るアラジン。おじいさんにはランプを渡さず、自力で洞窟から脱出《だっしゅつ》することができました。アラジンはランプの精の力を使って、都でいちばんのお金持ちになり、お姫様と結婚しました。ある日、おじいさんが現れお姫様からランプをだましとり、ランプの精の魔法でお姫様と宮殿を奪《うば》い去《さ》りました。アラジンは指輪の精とともにお姫様を救い出す大冒険へ──。

ご主人様の願いをなんだって叶えることができるランプの精に転生するのは真昼さん。ランプのなかは少し窮屈《きゅうくつ》かもしれないけれど悲観的にならないのは、今世でも“単純で素直《すなお》な星”があるから。むじゃきでピュアなハートで、ステップアップを繰《く》り返《かえ》す運命を堪能《たんのう》できるでしょう。

もしも**虫**に
転生したら…

ゲンゴロウ

体長：36～39㎜
生息地：池や沼
食べ物：昆虫や小魚
成虫が見られる時期：一年中

カブトムシやクワガタムシなどと同じかたいはねを持つ甲虫《こうちゅう》なのに、魚のように自由に水のなかを泳ぎ回るゲンゴロウは、空を飛ぶことができ、日光浴もする。自然豊かでキレイな場所を好むので絶滅危惧種《ぜつめつきぐしゅ》だけど、真昼さんなら転生しても大丈夫。“即断即決《そくだんそっけつ》の星”で敵を察知《さっち》し、住む場所選びもバッチリ！

★Hitomi's Message★ やる気に満ちる日。しっかり準備をしてからチャレンジしてみて。

夕焼け《ゆうやけ》

愛らしいアクティブパーソン

人の話を
聞いていない星

絶対〇〇!

努力が9割
の星

少し強引
の星

過去の栄光を
語る星

え?

裏番長気質の星

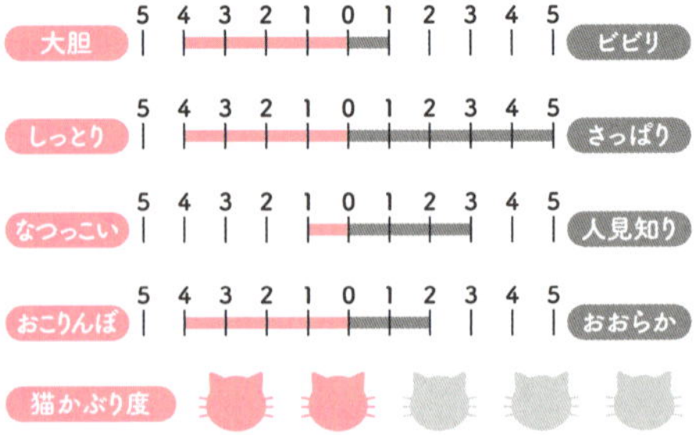

大胆 5 4 3 2 1 0 1 2 3 4 5 ビビリ
しっとり 5 4 3 2 1 0 1 2 3 4 5 さっぱり
なつっこい 5 4 3 2 1 0 1 2 3 4 5 人見知り
おこりんぼ 5 4 3 2 1 0 1 2 3 4 5 おおらか
猫かぶり度

こんな有名人と一緒

柄本佑　神木隆之介
木村慧人(FANTASTICS)
佐藤勝利(timelesz)
鎮西寿々歌(FRUITS ZIPPER)
DINO(SEVENTEEN)
永瀬廉(King & Prince)
深澤辰哉(Snow Man)
藤牧京介(INI)
藤原丈一郎(なにわ男子)
水野美紀
道枝駿佑(なにわ男子)
山田孝之

基本キャラクター

強い信念と熱いパワーで突き進む夕焼けさん。好きなことにはまっしぐら！〝努力が9割の星〟を持ち、がんばっている姿を表に見せず努力ができる人。初対面だとちょっとだけ人見知りでとってもマイペースなので、少し近寄りがたく見えることもありますが、自分のことを好きな人が好きなので、頼られると親身《しんみ》になってくれる、いざというときに頼りになる存在。無意識ですが興味のない話は完全にスルー。人の話も右から左に受け流し、聞こえていないことも多く、「え？」が口癖《くちぐせ》。基本的には「これだ」と思えなければ腰を上げないタイプ。命令されたり威《い》張《ば》られたりするのは苦手です。見た目はおっとりした雰囲気《ふんいき》がありますが、ちょっと頑固《がんこ》な面もあり、怒らせたら怖い裏番長気質の持ち主。ときに「自分が絶対」と聞く耳を持たなくなり、キツい一撃《いちげき》を放つことも。ただ意外と打たれ弱く心配性な面もあり、「あのときはよかった」と過去の栄光を語ったり、過ぎたことを引きずったりすることもあるでしょう。

ラッキーカラー　ピンク

ラッキースポット　レストラン

ラッキーアイテム　メガネ

向いている仕事

楽しいことが大好きで責任感が強い夕焼けさん。趣味の延長にあるお仕事で力を発揮《はっき》できる人。政治家、弁護士、不《ふ》動産《どうさん》関係、広告関係、音楽関係、医療関係や、やっただけ結果がついてくる専門職などが狙い目です。

叶えるためには

基本的にコツコツと努力をして夢をつかみにいく夕焼けさん。なにごともていねいに向き合い、興味がないことでもちゃんと耳を傾けることが成長への大きな一歩！

向いていない仕事

自分の理想や信念がはっきりある夕焼けさん。そこからズレた職業で人をサポートしたり、細やかな対応がおもに必要とされるお仕事にはなかなか全力で向き合えないかもしれません。旅行関係や放送関係、ホテル関係も面倒くさいと思いがち。

成功のヒント☆

自信過剰《かじょう》になったり、間違った方向にいったりしないように気をつけることが大事。なんでも計画性をもって取り組むことで、成功に近づけるよ！

★Hitomi's Message★　指先をキレイにしてみよう！ 爪を短く整えて、ハンドクリームを塗《ぬ》ると新しいチャンスが舞い込んできそう。

恋をすると こうなる

年齢やルックスに関係なく、自分にないものを持っている人にひかれる夕焼けさん。恋の話は好きだけれど、自分の恋についてはあまり話したがりません。好きな人ができても積極的にはいかず、カゲでひそかに恋を楽しみドキドキを味わったりするなど、ゲーム感覚なときもあるでしょう。とはいえ、気持ちを隠《かく》すことができないから、がまんができなくなると大胆に行動します。自分では気づいていないけれどわかりやすい人。

好きな人の前では少しあまのじゃくになり、そっけない態度をとりがちに。いざおつき合いをしたらいいところをアピールするために自分を大きく見せる傾向《けいこう》も。基本的には尽くすタイプではなく、マイペースにのんびりしていたいので、無理なくいられて、甘えられ、自分のことを理解してくれる相手が理想。裏切《うらぎ》りに対してはかなり敏感《びんかん》で、しっかり根に持ち、絶対に許さないでしょう。恋に破れたら、自暴自棄《じぼうじき》になりやすいので、なんでも話せる友達と一緒に過ごしてみてください。愚痴《ぐち》を言って発散することで気持ちが落ち着いて、次の恋に進みやすくなります。

恋愛グラフ

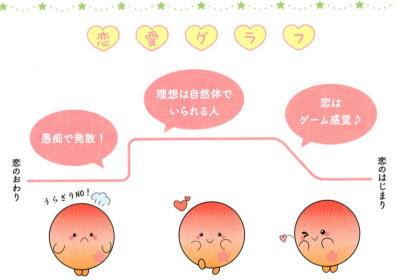

相性GOODな天星 BEST3

山脈

うれしいことも楽しいことも ハッピーも2倍♡

いいところをきちんと認めてくれる山脈さんを前にすると、夕焼けさんはなぜか闘争心《とうそうしん》が消え、穏《おだ》やかな気持ちになるはず。山脈さんとは言葉がなくとも波長《はちょう》がぴったりの関係になれるでしょう。公園や遊園地など自然とワクワクするようなところに行けば幸運の波が！

夕焼け

似た者同士でマッタリ のんびりな心地いい関係に！

同じような感覚を持っているので、無理に言葉を交わさずとも思っていることが伝わる家族のような関係になるでしょう。互いの心の奥底《おくそこ》に眠っているユニークな感性が、一緒に過ごすなかで必ず見つかります。宝探しのように楽しみながら探《さぐ》り合ってみると吉。

海

将来の夢を語りながら お互いがレベルアップ！

周りのために尽くし、一生懸命にがんばるタイプの海さんと夕焼けさんですが、ふたりが一緒になるとゆったり穏やかな空気が流れはじめるでしょう。まるで前世のその前からずっと知り合いだったかのような。夢を語り合うなかで化学反応が起き、アイディアもふくらみそう！

相性BADな天星

上弦の月

同じ目的や夢があれば、良き仲間として合わせられるけれど、仲良くなると上弦の月さんはあまえから少しわがままになりがち。特別扱いをして「すごいね」「天才！」とほめてあげれば関係がスムーズになるでしょう。可能なかぎり絶対に敵対《てきたい》しないことを心がけるとトラブル回避《かいひ》！

★Hitomi's Message★ バスタイムを少し長めにとってみて。ワクワクするような新しいアイディアを思いつくかも！

もしも**異世界**《ゲーム》に**転生**したら…

召《しょう》喚《かん》士《し》

魔法を使って魔物《まもの》や精霊《せいれい》などを召喚し、使役《しえき》するのでパーティでは重要な役どころ。そんな召喚士に夕焼けさんは転生します。今世でも強い信念と熱いパワーがあなたの魅力にきっとなるはず。“過去の栄光を語る星”が輝き、“過去の成功体験”を召喚しまくりますが、“現在”も大切ということに気づきさえすれば大丈夫。ハッピールートしかありません。

もしも
名作ファンタジーに
転生したら…

『ジャックと豆の木』のジャック

あらすじ ある日ミルクの出なくなった牛を売ろうと市場に向かったジャックは、その途中不思議な老人と出会いました。ジャックは牛と老人が持つ「魔法の豆」を交換。帰宅すると、母親からは言いつけを守らなかったと怒られ、豆は窓の外に投げ捨てられました。翌朝、豆は大きな大きな木に。その豆の木を登ると雲の上には人食い巨人の家が。そこでジャックは金の卵を産む鶏を見つけ手に入れることに成功。また別の日に巨人の家へ行くと今度はひとりでに音楽をかなでる魔法のハープを見つけます。しかし盗《ぬす》もうとしたそのとき、巨人に見つかってしまいました。猛《もう》スピードで地上におり、豆の木を斧《おの》で切り倒したジャック。追いかけてきていた巨人は落下して死んでしまいました。その後ジャックと母親は、この不思議な鶏とハープのおかげで幸せに暮らしました。

野心《やしん》と熱いパワーが絶大な夕焼けさんが、夢や目標に向かって爆走《ばくそう》できるのは“根拠《こんきょ》のない自信の星”があるため。だからこそ、今世でジャックに転生しても安心してください。人食い巨人の家に何度も盗みに入るという暴挙《ぼうきょ》(?)も冒険としてエネルギッシュに突き進めるはず！

もしも**虫**に
転生したら…

フンコロガシ

体長：2～3㎝
生息地：アフリカや地中海沿岸
食べ物：動物のフンに含まれる未消化の食物
成虫が見られる時期：12～2月(北半球)、6～8月(南半球)

動物のフンを丸めては逆立ちでせっせと転がすフンコロガシ。敵に食糧を奪われないための行動ですが、古代エジプトではその様《さま》を太陽の回転を司《つかさど》る神に重ね、崇《あが》められたそう。夕焼けさんが転生するのはそんなフンコロガシ。“努力が9割の星”の持ち主なので、今世でも食べ物には困らないでしょう。

★Hitomi's Message★ ハンカチやティッシュは持ったかな？ 身だしなみがあなたの運気を底上げしてくれる日。

深夜《しんや》

個性派ミラクルパーソン

隠《かく》れネガティブの星

どうする？

愛情深い星

束《そく》縛《ばく》がきらいの星

宇宙人の星

そうかな？

意地っ張《ば》りの星

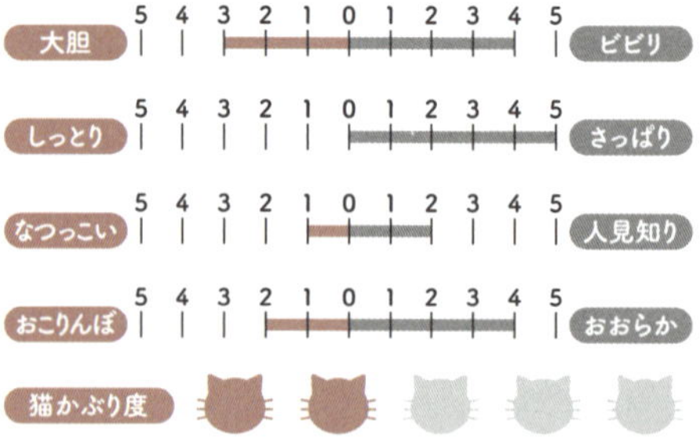

大胆　5 4 3 2 1 0 1 2 3 4 5　ビビリ
しっとり　5 4 3 2 1 0 1 2 3 4 5　さっぱり
なつっこい　5 4 3 2 1 0 1 2 3 4 5　人見知り
おこりんぼ　5 4 3 2 1 0 1 2 3 4 5　おおらか
猫かぶり度

こんな有名人と一緒

浅田真央
杏ジュリア（超ときめき♡宣伝部）
安藤サクラ
池上彰　岩本照（Snow Man）
木全翔也（JO1）
黒羽麻璃央
小芝風花　坂口健太郎
佐久間大介（Snow Man）
田島将吾（INI）
中村海人（Travis Japan）
早瀬ノエル（FRUITS ZIPPER）
藤井聡太
豆原一成（JO1）

基本キャラクター

自分では普通だと思っていますが、独特《どくとく》な感性と感覚を持ち、自分の世界と時間を大切にしている深夜さん。好きなことにはまっすぐで、納得できるまでがんばるタイプ。多才な能力を隠し持ち、センスも個性もたっぷり！　不思議なオーラに包まれています。マイペースなので、ペースを乱されたり、嫉妬《しっと》や束縛など自由を奪《うば》われたりするのは苦手。趣味や好きなモノが同じだと一気に距離が縮まります。少々のピンチには動じない強さもありますが、実は隠れネガティブで「どうする？」「そうかな？」と確かめながら行動することも。メンタルが崩れると生きる気力が激減。言葉が足りなくなり、誤解を招くこともあります。愛情深い一方でベタベタされるのはイヤ。本当はさびしがり屋なのにひとりが好き、といったあまのじゃくな一面も。感情を隠すのは苦手です。時空《じくう》のズレがあるのでトラブルも起こりがちだけど、その分大きな幸運を引き寄せる神秘的《しんぴてき》なパワーを持っています。

ラッキーカラー　ブラウン

ラッキースポット　神社仏閣《じんじゃぶっかく》

ラッキーアイテム　ペアマグ

向いている仕事

自由に動きながら、なにかを生み出す仕事に向いています。専門技術を活かすと才能がきらめくので、画家やアーティスト、ネット関係、動画制作などで財をなしそう。自分が表に立つよりも裏方《うらかた》に回ってサポートするのも◎

叶えるためには

知識を増やして、資格や技術を身につけてみて。自分のなかにある、やってみたい、挑戦したいという気持ちを強く持ち、くじけないこと！　必ず幸運が待っています。

向いていない仕事

あなただけのスペシャルな想像力《そうぞうりょく》は、周りに共有しようとしてもなかなか伝わりにくい面が。サービス業など、人に合わせる仕事、人を判断する仕事は、あなたの楽しいと思う気持ちとズレていくからテンションが上がらなそう。

成功のヒント☆

想《おも》いはしっかり言葉にして相手に伝えましょう。自分から高い壁《かべ》をつくらずに、みんなとコミュニケーションをしっかりとってみて。難しいな、厳しいな、と思っていたことが案外すんなりうまくいくでしょう。

★Hitomi's Message★　ほめられたり注目を浴びても調子にのらないこと！　謙虚《けんきょ》な気持ちが大切な1日☆

恋をするとこうなる

ただ「かわいい♡」「かっこいい！」だけでは恋に落ちないのが深夜さん。笑いのツボが合う人と相性が良く、がんばっている人、一生懸命な人、尊敬《そんけい》できる人など、内面に強さを持った人にもひかれがちです。「ちょっと気になるかも」からゆっくり恋に落ちていくので、好きになっても強くアピールはせず、すべてはそのときのノリやタイミングしだい。追われるより追うこと、束縛《そくばく》より自由を好みます。基本的には恋愛だけに夢中になるよりも、友達と遊んだり、ひとりでいたりするほうが楽チンなタイプ。おつき合いがはじまって本気度が上がっていくとその人以外は目に入らない、といった感じで恋と生活の比重《ひじゅう》が大逆転することも。好きな人にはメッセージの返信が早い！ 恋に破れたら落ち込みは激しめで、なかなか次が見つからない傾向《けいこう》が。人生をかけるほどの運命の恋は、だいたい10年に1度。愛されるよりも愛したいタイプだから、充《じゅう》電《でん》期間は長めになりますが、あなたならきっと大丈夫！

恋愛グラフ

恋のはじまり
じわじわと気になる人に接近
一歩一歩
あなたしか見えない！
次の恋は10年後!?
恋のおわり

相性GOODな天星 BEST3

下弦の月

リズムにのって、病めるときも健やかなるときもずっとそばに

下弦の月さんとは波長《はちょう》がぴったり。お散歩したり、公園に行ったり、電車に乗ったり、お買い物に出かけたり──どこでなにをしていても過ごす時間が長くなるほど幸せをわけ合えるパートナーに。いろんな世界をいろんな角度から楽しめる相手へと進展《しんてん》していくでしょう。

空

大きな心が癒《いや》しのみなもと！ わがままも言えちゃう

すみわたった青空のような包容力《ほうようりょく》のある空さんは、あなたが心おきなくあまえられる相手。なにをしてほしいかはっきりと伝えて、ありがとうと感謝の言葉をきちんと言うことで、癒し癒されるパワースポットのような関係になっていきそうです。

深夜と大陸

お互い尊敬し合って パーフェクトなカップルに

動くスピードや考えるペースが同じ深夜さんと大陸さん。「おもしろい！」と思うポイントを探《さぐ》ってわかり合えると、体験したことのないような一体感が生まれるでしょう。お互いドライな面があるので少し気恥ずかしいかもしれませんが、素《す》で接すると絆《きずな》が深まりそう。

相性BADな天星

朝日

波長やリズムがズレてしまう朝日さんと深夜さん。イヤだと思うポイントも少しずつ違うので、たとえ朝日さんが怒っていても、深夜さんにはよくわからないし、怒られているという現実に深夜さんは落ち込みそう。互いに「そういう人」と理解し合えるとバランスがとれるでしょう。

★Hitomi's Message★ ラッキーカラーはピンク！ 文房具やハンカチなどにピンクが入っているとラブ運がアップ！

転生×天星術

もしも異世界《ゲーム》に
転生したら…

ドラゴン

ときに悠久《ゆうきゅう》の地を司《つかさど》るラスボスになったり、条件を満たすと時空《じくう》や生死を超えてどんな願いをも叶えてくれる神聖な存在になったり。そんなドラゴンに転生するのが深夜さん。やる気が起きると周囲を圧倒《あっとう》する“超人の星”が輝き崇《あが》められるけれど、否定されると大爆発しそう。どっちのルートになるか、あなたならきっと上手に選べるはず！

もしも
名作ファンタジーに
転生したら…

『かぐや姫』のかぐや姫

あらすじ あるところに竹取のおじいさんとおばあさんがいました。ある日、きらきら光る竹を見つけます。切ってみるとそこには小さな女の子が。「かぐや姫」と名付けられ、大事に育てられ、美しい娘になりました。ウワサは都中に広まり、5人の男性が真剣《しんけん》に求婚《きゅうこん》し、帝《みかど》までもかぐや姫に恋しますが、彼女はすべてお断りしました。そんななか、かぐや姫は月を見てはしくしく泣くように。おじいさんとおばあさんが理由を聞くと、かぐや姫は月から来たこと、そして次の十五夜《じゅうこや》に月へ帰らなければいけないことを打ち明けました。その夜、帝の兵士がかぐや姫を守るものの、かぐや姫は別れを告げ、夜空へ向かいました。

独特《どくとく》の感性とミステリアスなオーラに包まれた個性派の深夜さんは、名作ファンタジーの世界ではかぐや姫に転生するでしょう。これまで“宇宙人の星”のために周囲とのズレを感じていたかもしれませんが、今世で悩むことはまずないはず。別れのさびしさは変えられませんが、おじいさん、おばあさんにあなたの知識を伝授《でんじゅ》していけば、ハッピーエンドです。

もしも**虫**に
転生したら…

ホタル
（ゲンジボタル）

体長：10～16㎜
生息地：清流
食べ物：小型の昆虫など
成虫が見られる時期：5～7月頃

おしりの光で居場所《いばしょ》を知らせたり、プロポーズをしたりするホタル。光る間かくは西日本で約2秒に1回、東日本で約4秒に1回。なかでもゲンジボタルは卵のときから光っています。幼虫になっても、成虫になっても、死ぬ前までずっとピカピカ光り続けるそう。なぜか？はまだ解明されてない──そんなホタルに深夜さんは転生します。

★Hitomi's Message★ **10分前行動を心がけて！ 気持ちにも余裕ができて友達にやさしくなれそう。**

パワーを引き寄せるおまじない

金運アップ

金運は玄関から入ってくるといわれています。そしてお財布はお札にとってのおうち。どちらも居心地を良くすることで金運アップ。新月の日にやるとパワーが倍増《ばいぞう》するよ！

1 おうちの玄関をキレイにお掃除。

ほうきで掃き、布でていねいに拭く。

2 お財布をピカピカに。

汚れを拭き去り、お札は揃《そろ》える。

3 白い紙を1枚準備。

ゴールドのペンで☆を3つ描いて塗りつぶす。その下に上向きの矢印を3つ書き、最後に自分の名前をブラックのペンで書く（例、ひなちゃん）。

4 「私（名前）は星に導《みちび》かれて金運アップ」と3回唱《とな》える。

5 この紙は小さく折りたたんでお財布のなかへ。

おまけ★1

GOLD 金の健康運アップ

植物にはポジティブなエネルギーがいっぱいつまっているといわれています。心配事があるとき、体調が良くないなと感じるとき、植物の力を借りて自分の周りを良い空気にチェンジしよう！

1 好きな観葉植物を準備。

「今日からよろしくお願いします」とあいさつ。

2 水やりは朝または午前中に。

「いつもありがとう」と感謝の言葉をかけるとよりポジティブなエネルギーが満ちていきます!!

★Hitomi's Message★ 口は災《わざわ》いの元！ どんなに仲のいい人とも、ヒミツはしゃべらないように。悪口やウワサ話も×

2

★遊ぶの大好き

★好奇心旺《おう》盛《せい》

★ピュア

CHAPTER

闇《やみ》オチ×天星術

運勢には良いときと悪いときがあります。
特にアクマが近づくといつもより怒りっぽくなったり、
落ち込みやすくなったり、闇オチの時間が長くなって、
運勢のバイオリズムが崩れがちに。
ここからはそんなアクマがついた闇オチモードのときのお話。
アクマはただ一緒に遊びたいだけだから、
向き合い方さえわかれば大丈夫☆☆☆

★Hitomi's Message★ 悪いことや失敗をしてしまってもそこから目をそむけないで。素《す》直《なお》に謝《あやま》れば大丈夫！

満月《まんげつ》

ネガティブ爆増《ばくぞう》ダルがりマン

人の目が
気になる
星

冬眠《とうみん》モード
の星

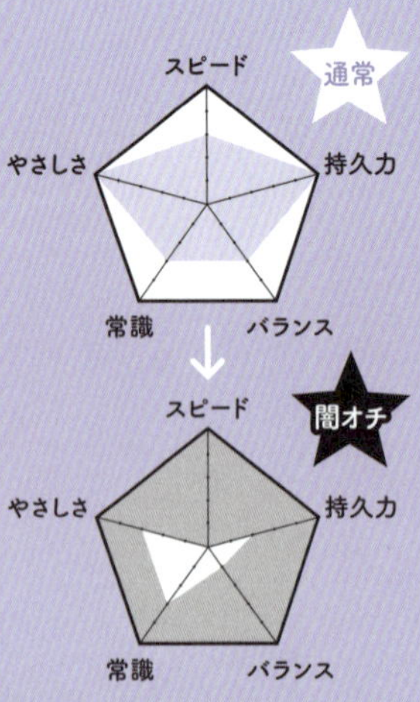

闇《やみ》オチモードの満月さん

全体的にスピードが急降下《きゅうこうか》。やる気はあるけれど、行動に移せず、のんびりしていたい気持ちが高まります。もともと周りの目が気になるタイプですが、さらに敏《びん》感《かん》になる傾向《けいこう》が。人疲れから脱力し、冬眠モードでずっと寝ていたり、現実逃避《げんじつとうひ》するので周りにも迷《めい》惑《わく》をかけがち。こだわりやネガティブ思考もふくらみ、すべてがストレスになるでしょう。

ずっとこうしていたい。

どう過ごす？

あえて「なにもしない」ことを楽しみましょう。おうちで趣味に没頭《ぼっとう》すると◎ 自然と触れ合ったり、植物のいい香りに包まれたりすると、安定とおっとりしたやさしさを取り戻せます。

★Hitomi's Message★ 鏡の前で笑顔の練習をしてみよう！ 髪の毛のお手入れをきちんとしているとラブ運が上がるよ。

上弦の月《じょうげんのつき》

わがままこだわり執《しゅう》着《ちゃく》マン

突然
ヒステリック
の星

周りの評価を
気にする星

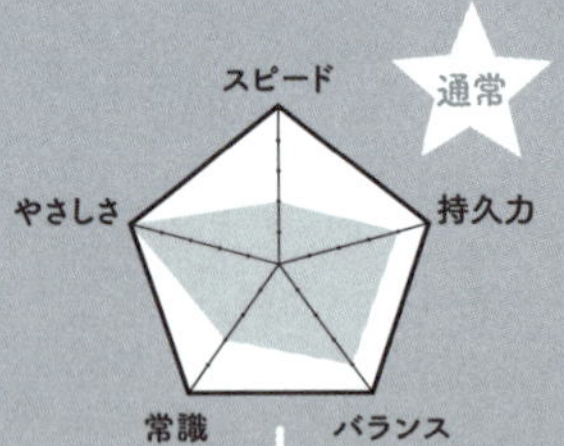

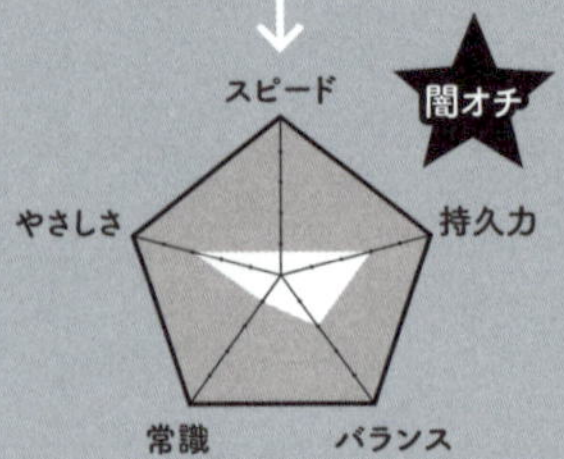

闇《やみ》オチモードの上弦の月さん

繊《せん》細《さい》さや不安が増加。こだわりがとっても強くなり、執着度が一気に上昇! 容量《ようりょう》オーバーになると自分のやりたいことが最《さい》優《ゆう》先《せん》になり、常識力が減ってわがままになるから、周りをふり回しやすくなるかもしれません。最終的には「もういい!」と感情のまますべてを投げ捨て、逃げ出してしまうことも。ストレスで体調も崩れがち! 特に胃《い》腸《ちょう》に注意。

オムライス食べたい。

どう過ごす?

心に余裕をつくり、予定を詰め込みすぎないこと。キレイなものを見たりして、楽しい気持ちを忘れずに過ごしましょう。To doリストやメモを作ると運気が好転《こうてん》。

★Hitomi's Message★ 動物のお世話をしたり、写真を撮ったりすると運気がアップ。動画や画像を眺《なが》めるだけでもGOOD!

かげんのつき

下弦の月

敵か味方かのスーパードライ

突然
シャットアウト
の星

あっそ！
ピキーン

実は陰キャ
の星

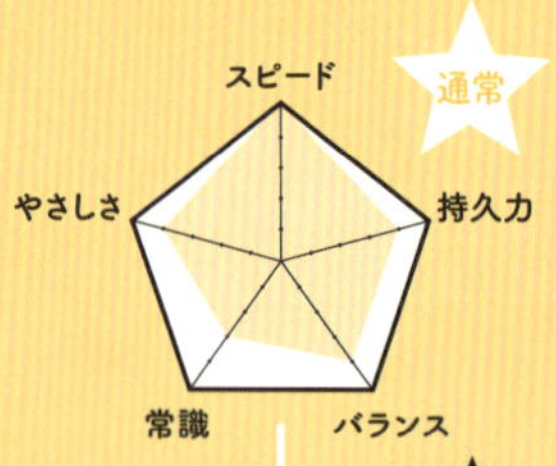
通常
スピード
持久力
バランス
常識
やさしさ

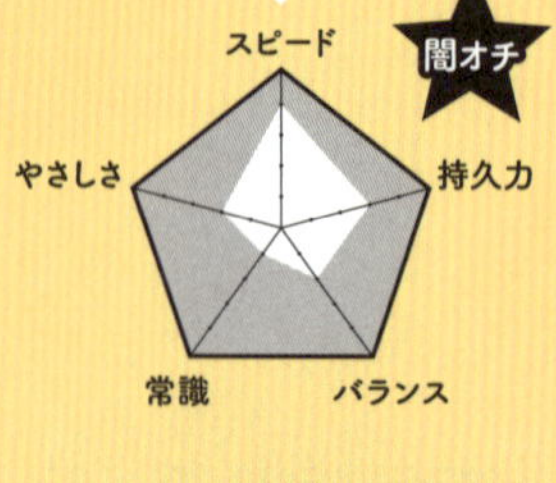
闇オチ
スピード
持久力
バランス
常識
やさしさ

闇《やみ》オチモードの下弦の月さん

強気な面が激化《げきか》！敵か味方かをすぐに判断し、敵だと思った人には「あっそ！」と冷たくそっけない対応に。自分の価値観《かちかん》と「この人違う！」となると苦手意識からスーパードライモー

ドに突入。自分をほめてくれる人だけを信《しん》頼《らい》するようになるので、常識的な部分が欠けることもありそう。また注意力がなくなるので、ちっちゃなミスやウソが多くなるのも特徴《とくちょう》です。

ちゃんと見て。

どう過ごす？

ひとりの時間をつくって自分としっかり向き合えば、プラスのエネルギーがわいてくるでしょう。感謝やキレイな言葉づかいを心がけると、やさしい気持ちが少しずつ広がるはず。

★Hitomi's Message★ 「早め早め」を心がけると、想定外のラッキーが舞《ま》い降《お》りてくる日。

新月《しんげつ》

妄《もう》想《そう》・暴《ばく》走《そう》モード全開の迷い子

どうせ
私なんて…
実は
かまってちゃん
の星
センチメンタル
の星

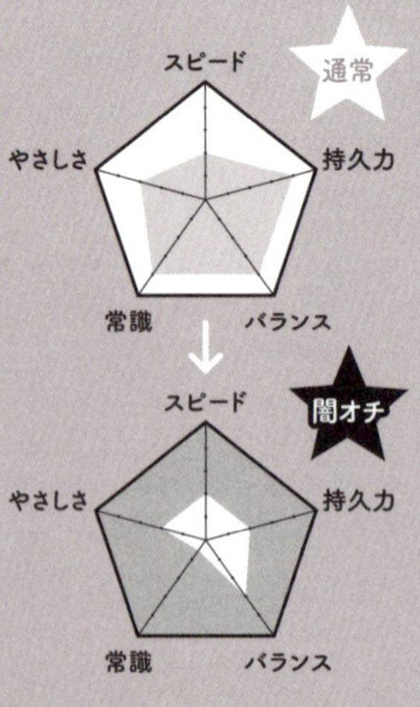

通常
スピード
持久力
バランス
常識
やさしさ
闇オチ
スピード
持久力
バランス
常識
やさしさ

闇《やみ》オチモードの新月さん

闇オチすると常識力がガクッと落ちるので、現実世界から離れて迷《めい》走《そう》し、自分を見失っていくのが特《とく》徴《ちょう》。周りの目を気にしすぎるあまり、エゴサーチをしたり、嫉《しっ》妬《と》して勝手にひどく

落ち込んだり、ネガティブが爆発。友達と自分を比較して「どうせ私なんて…」と精神的に不安定な日々が続くと、「あの人面倒くさい人だな」と思われやすくなるから要注意！

私の知らないところで…？

どう過ごす？

周りの影響《えいきょう》を受けすぎないよう自分をしっかり持つことが大事！ 流されすぎずに1回決めたことは「最後までやりきる」を目標に！ 自分を信じてもっと自分にやさしくなれると◎

★Hitomi's Message★ おじいちゃん、おばあちゃんや小さいコにやさしく接してみよう！ 対人運アップ!!

空《そら》

愚《ぐ》痴《ち》がノンストップの落《らく》雷《らい》エリア拡大中

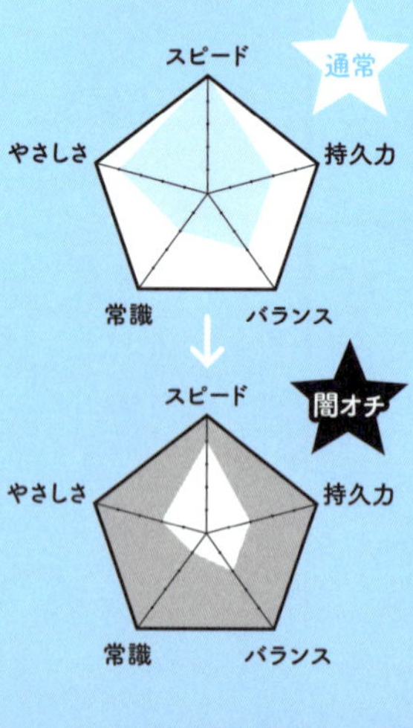

闇《やみ》オチモードの空さん

性格がキツくなり、負けずぎらいな面も強化、言葉づかいも乱暴になりがち。自分を大きく見せたり、マイペースになって周りをふり回してしまうかも。「ちょっと、聞いてよ!」と、ウワサ話や愚痴が止まらなくなったりしがちなのでいつも以上に発言には気をつけるといいでしょう。イライラがおさまらないと、家族や身内には特に冷たくケチになりそうです。

聞かれてはいけない。

どう過ごす？

となりの芝生がいつも以上に青く見えやすい時期。ツメがあまくなるから、いったん深呼吸してから言動に移すといいでしょう。本や動画に没頭《ぼっとう》したりと、リラックスを心がけて。

★Hitomi's Message★ ラッキーカラーはグリーン！ 植物やお花に水をあげると気持ちも癒《いや》されて運気が上がっていくでしょう。

山脈《さんみゃく》

理《り》論《ろん》派《は》のスーパーリアリスト

それで?
ドライの星
見返りを
求める星

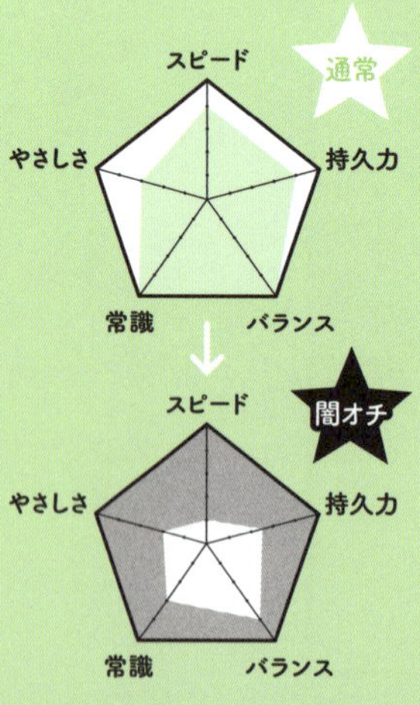
通常
スピード
持久力
バランス
常識
やさしさ
闇オチ
スピード
持久力
バランス
常識
やさしさ

闇《やみ》オチモードの山脈さん

損得勘定《そんとくかんじょう》や計算高さがより強まり、得だと感じることばかりを求めケチ度がアップ。正論《せいろん》を並べ、見返りをきっちり求めないと気がすまなくなりそう。自分の考えが絶対に正しいと信じ、価値観《かちかん》がズレている人には「それで?」とドライに追いつめていくでしょう。基本的に争いはきらいなはずだけど、闇オチモードでは、持久力が急速に落ち、なにかと衝突《しょうとつ》しがちです。

きっちり。

どう過ごす?

まじめすぎて少し力みすぎなのかも? 趣味《しゅみ》に没頭《ぼっとう》するなど、適度に肩の力を抜く練習をすると◎ ストレスを感じると胃腸《いちょう》が弱くなる傾向《けいこう》があるので、なるべく相手の価値観を受け入れましょう。

★Hitomi's Message★ おしゃれに磨《みが》きをかけるといい日。ドレスアップして、流行を取り入れると幸せが訪れるでしょう。

大陸《たいりく》

圧120%の極寒スタイル

ふぅ～ん
思い込みが激しい星
怒ると怖い星

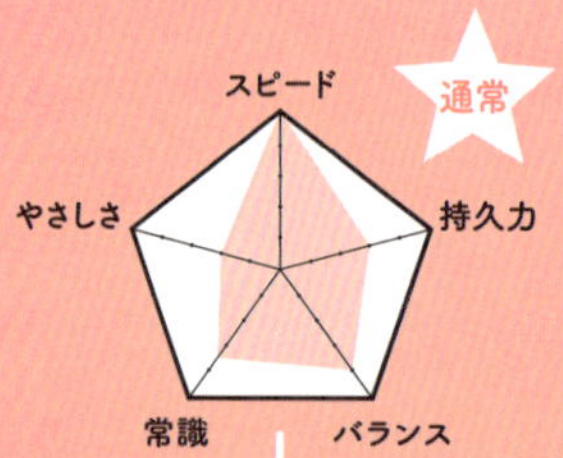
通常
スピード
持久力
バランス
常識
やさしさ

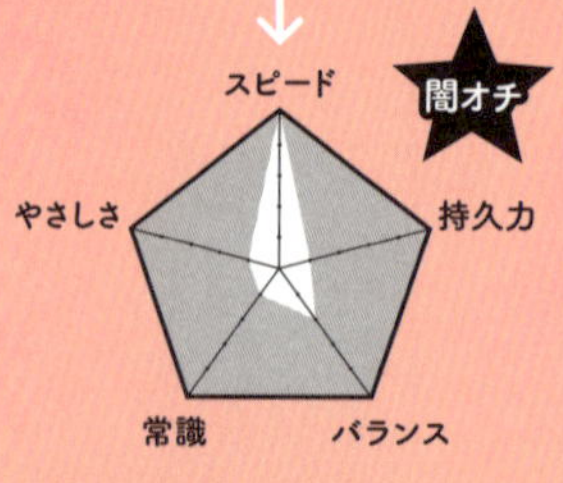
闇オチ
スピード
持久力
バランス
常識
やさしさ

闇《やみ》オチモードの大陸さん

余裕のある穏やかなオーラが激変！ なにを語りかけても「ふぅ～ん」としか返ってこないくらい冷たい雰《ふん》囲《い》気《き》に包まれて、近寄りがたい存在になるでしょう。ご褒《ほう》美《び》がないとがんばれなくなったり、空回《からまわ》りして暴走《ぼうそう》しやすくなったり、常識力や持久力が削《けず》られていっちゃうことも。不安定になって感情が顔に出やすくなるうえ、謝《あやま》ることも下手になり、トラブルの原因に。

お買い物。

どう過ごす？

一度立ち止まって深呼吸！“誰かのためになにかをする”という奉仕を心がけると好転《こうてん》。トラブルは回避《かいひ》できるはずです。話し出すと長くなり、口調がキツくなるので、持論や自分語りは控えめに！

★Hitomi's Message★ バタバタと忙しい日になるかも。やるべきことをしっかりメモすれば頭のなかも整理できるはず。

海《うみ》

思考回路バースト寸前ぷんすかマン

だって

言い訳し、
ごまかす星

話を勝手に
切り取る星

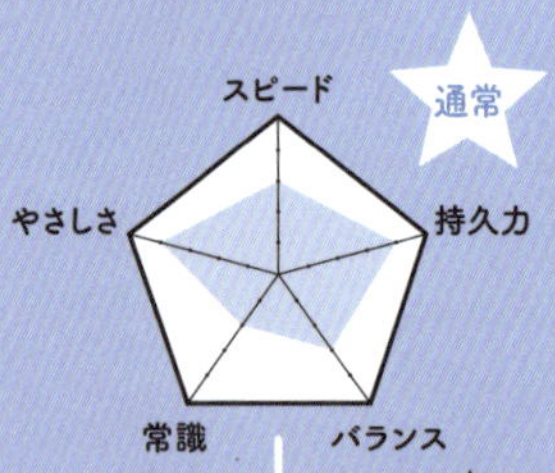
通常
スピード
持久力
バランス
常識
やさしさ

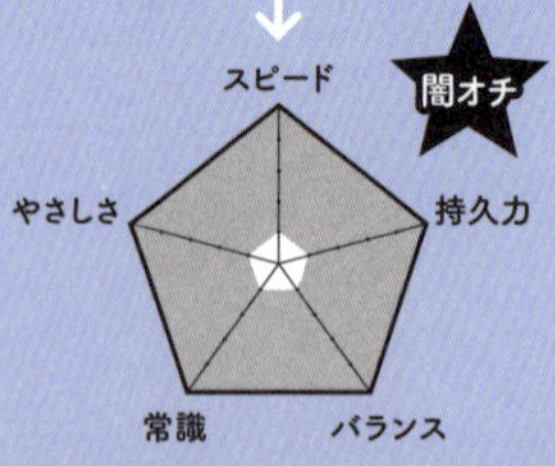
闇オチ
スピード
持久力
バランス
常識
やさしさ

闇《やみ》オチモードの海さん

やさしいオーラが弱まり、人の話を聞かず、決めつけて勘違い。周りとの空気感や会話にズレが発生することもあるみたい。怒られることがきらいなので、「自分は悪くない!!」と言い訳しごまかす一方で、より頑固《がんこ》になって「でも」「だって!」と逆ギレ。まるで深海《しんかい》に潜《もぐ》ったかのように、殻《から》に閉じこもることもあるでしょう。自分のことを必死で守ろうとするのが特徴です。

キミのため。

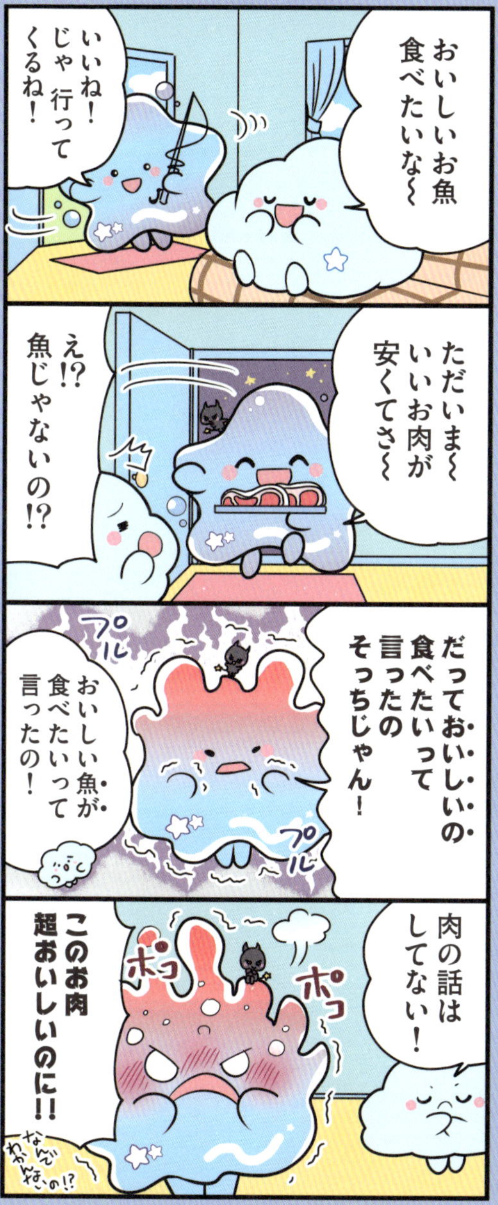

どう過ごす?

一度落ち着いて、今の状況をゆっくり頭の中で整理しましょう。部屋の整理整頓《せいとん》をすると落ち着くかも。ダンスやエクササイズ、筋トレなどで体を動かして、いったん頭をからっぽにしてみるのも◎

★Hitomi's Message★ 頑固にならず肩の力を抜いてみて。素直な気持ちで相手と向き合うといい関係でいられます!

朝日《あさひ》

フリースタイルな面倒くさがり屋マン

あとでやる
気分に
ムラがある星
なんでも
やりすぎる星
Energy

闇《やみ》オチモードの朝日さん

強がっていても、だんだんと自信がなくなり、メンタルやる気が急降《きゅうこう》下《か》。持久力もなくなるので、なんでもかんでも面倒くさくなり「あとでやる」モードに。新しいことにチャレンジしたり、

考えたりすることがおっくうになって、ゲームなどに没頭《ぼっとう》し現実逃避《げんじつとうひ》しがちになるでしょう。気分屋の要素も強化し、時にズル賢《がしこ》くなったり気性が荒くなるなんてことも。

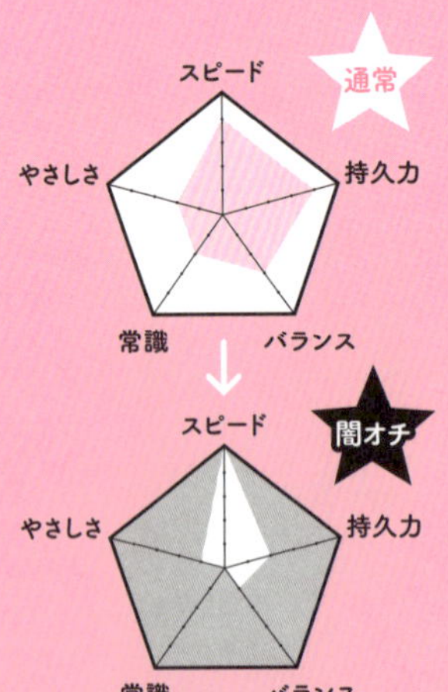
通常
スピード
持久力
バランス
常識
やさしさ
闇オチ
スピード
持久力
バランス
常識
やさしさ

現実逃避中。

どう過ごす？

自分の意見をぶつける前に相手の意見を冷静に聞いてみよう。短気でツンツンした性格になっちゃうので、リラックスできる曲を聴《き》いて深呼吸。心を落ち着かせることが大事だよ！

★Hitomi's Message★ ネガティブな感情になりやすい日。気持ちしだいで運命は変えられます。自分を信じて！

真昼《まひる》

みんなとズレズレ先言マン

余計な一言の星

瞬間《しゅんかん》湯《ゆ》沸《わ》かし器《き》の星

…なんで?

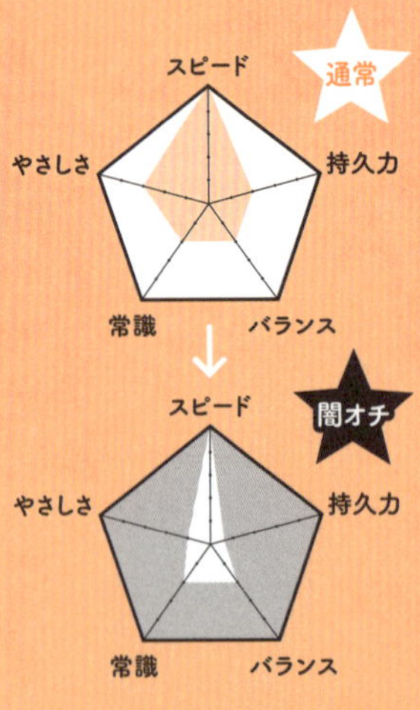

闇《やみ》オチモードの真昼さん

瞬間的《しゅんかんてき》に怒ったり、悲しんだりと、喜怒哀楽《きどあいらく》が激しくなるのが闇オチモードの真昼さん。相手のためを思って感情的になっているようでいて、実は自分理論《りろん》が強化され、自己中心的になる傾向《けいこう》が。「私はいいことをしているのに…なんで?」と勘違《かんちが》いし、イライラすることも。心のバランスが崩れるとスケジュール管理もルーズになりがち。意欲と責任感が薄れて、もういいや!と投げ出す場面も。

直球。

どう過ごす？

まずはイライラしても、発言する前に深呼吸。人を許して受け入れることを意識してみて。そして大切な人が喜ぶ姿をイメージし、奉《ほう》仕《し》の気持ちで謙《けん》虚《きょ》に過ごすことでトラブル回《かい》避《ひ》へ。

★Hitomi's Message★　スッキリした気分でいろんなことがスタートできそう！ 少し大胆なくらいがちょうどいいかも。

夕焼け《ゆうやけ》

過去に引きずられるこだわりマン

あのときはよかった

じめっとしている星

執着《しゅうちゃく》の星

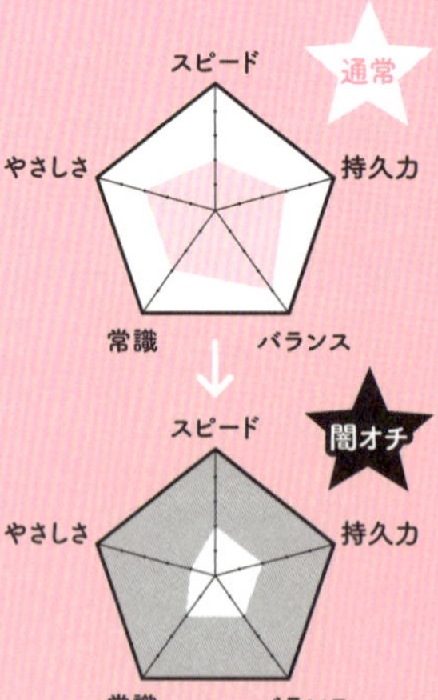
通常
スピード
持久力
バランス
常識
やさしさ
↓
闇オチ
スピード
持久力
バランス
常識
やさしさ

闇《やみ》オチモードの夕焼けさん

明るい雰囲気《ふんいき》から一変、常識とやさしさが欠け、少しキツい印象になってしまいそう。自分が正しいと信じ、人の話を聞かず、追いつめられて感情が爆発すると、無意識に攻撃性《こうげきせい》が高まるでしょう。また過去の失敗に引きずられて後悔したり、かつての栄光にすがって「あのときはよかった」といまを否定したり、気にしすぎのネガティブさんになるのも特徴《とくちょう》です。

おすすめ。

どう過ごす？

やさしい口調を心がけて聞き役に徹《てっ》すること。「自分が絶対」にならないように、素直《すなお》でピュアな心を大切にして。ちゃんと考えてから話せば大丈夫☆

★Hitomi's Message★ 大きな声であいさつをしてみて！ 素敵《すてき》な出会いがありそう！

深夜《しんや》

隠《かく》れネガティブ爆発のドン底ムーブ

繊細《せんさい》で
気にしぃの星
もう無理…
マイワールド
の星

闇《やみ》オチモードの深夜さん

自分だけの世界やルールにハマってしまい、他人を寄せつけない空気をまといます。間違っていてもマイルールを曲げられず、少しズレた正義感をふりかざしがち。ホウ・レン・ソウができずに問題になったりする一方で、誰かに指示されたり束縛《そくばく》されると「もう無理…」と一気にネガムーブ。目標も見失い、生きる気力も低くなりやすいので要注意。

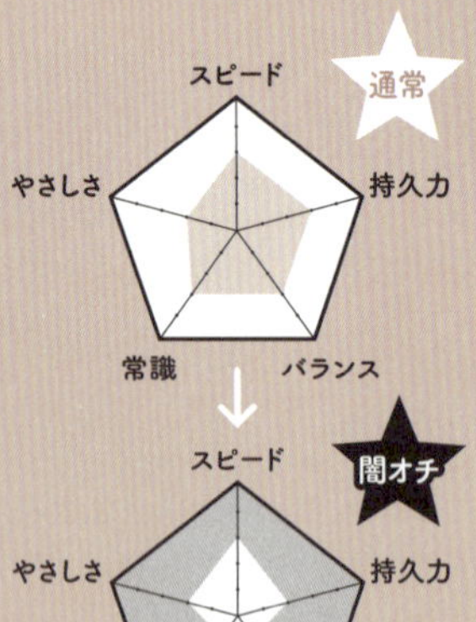

通常
スピード
持久力
バランス
常識
やさしさ
闇オチ
スピード
持久力
バランス
常識
やさしさ

自由でいたい。

どう過ごす？

のびのび過ごす時間が大切。大自然や星空を眺《なが》めて目と脳を休めるとトラブルを回避《かいひ》できるでしょう。注意力が不足しがちだから、歩くときは周りに注意しながら横断歩道をきちんと渡りましょう。

★Hitomi's Message★ 幸運の波がすぐそこに。まずは早寝早起きを心がけてみて。幸運を受け入れる“器”が整います。

おまじない

新月の夜に♪

好きな人と出会う

1 新月の夜、
夜空が見える場所で
大きく3回深呼吸。

生年月日と自分の名前を言い、
夜空に向かって両手を広げる。

2 「私（名前）には
幸せな未来が待っています」と
宣言してから、手を組む。

3 理想のタイプの条件を
3つ決めて、言い切る。

たとえばこんなふうに
「私（名前）はこれから、やさしくて、かっこよくて、笑顔が素敵《すてき》な人と出会えます」と、
心を込めて3回唱《とな》えてみてね。

気アップ

2 音楽が流れている間に、
左足の小指と左手の薬指の爪に
赤のマニキュアを塗《ぬ》ると恋のお守りになるよ！

おまけ2

恋が叶う

毎日♪

かわいさアップ

1 憧《あこが》れの有名人の写真や雑誌の切り抜きを1枚と、好きな香りのソープを用意。

次の日に着る洋服のなかに紙につつんではさむ。

2 翌朝、「今日もハッピーになれますように」と言いながらその洋服に着替える。

このおまじないは毎日繰《く》り返《かえ》すと効果大☆

休日に♪

告白する勇

1 休みの日のリラックスタイムに洋楽のラブソングを流す。

★Hitomi's Message★ お風呂にソルトをイン！ この数日のモヤモヤがデトックスされます!!

CHAPTER 3
いろいろ ときめきうらない

いまのあなたの状態、相手が思っていること、
実は気づいていないけれど
あなたが心の奥底《おくそこ》で感じていること、
そしてきょうの運勢——ぜんぶ、楽しくうらなえるよ！
まずは左ページの木を完成させてみて！

★ Q1 ★

お散歩していたら、
あなたの目の前に1本の木が。
それはどんな木ですか？

葉っぱ、枝、根っこ、お花、実——
この5つを自由に描き込んでみて。

← 結果は次のページ☆

★Hitomi's Message★ 朝からテキパキと！ 歯《は》磨《みが》きをして「おはよう！」と元気いっぱいあいさつをすれば、あなたの魅力がアップ！

・A1・

葉っぱ、枝、根っこ、お花、実は
あなたがまとうオーラを表します。
4番目に描いたものが、
いまあなたをいちばん輝かせている
オーラです。

葉っぱ

エネルギーオーラ

気力・体力が満ちています。
願いが叶いやすいとき。
目標や夢を
もう一度考えてみて！

お花

キラキラオーラ

ヒロイン・ヒーロー感全開！
自信を持つと、あなたの
魅力はさらにUP！

枝

ワクワクオーラ

好奇心が
あふれてきています。
いろいろな場所に
お出かけしたり、いろいろな
人に会ったりすると幸運が！

根っこ

ナチュラルオーラ

背伸びしすぎず
自然体のあなたが
とっても素敵《すてき》。
好きやときめきを
たくさん集めてみると吉。

実

チャンスオーラ

幸運の波がすぐそこに。
それを引き寄せる
準備がもうできています。

Q2 P125に戻ってください。その木の“背景”には何が見えますか？　自由に描き込んでみて。

★Hitomi's Message★　ラッキーカラーはゴールド！　触《ふ》れるだけでも金運が急上昇!!

A2

背景に描いたものは、
いまあなたが
無意識に欲しているもの。
心の奥《おく》底《そこ》にある願いが
わかります。

生き物

睡眠

睡眠の時間と質を見直すと大きな幸せが。

草花

成長

あなたはちゃんとがんばっています。大丈夫。もっと素敵な未来が待っています。

建物

安心・安定

ほっと一息つく時間が幸運のカギ。

乗り物

物欲

いまの自分に本当に必要なものが何かを整理すると吉。

空もよう

愛

考えすぎずにまずはあなたから愛を伝えてみて。

その他・・・

求めているものがわからない迷子かもしれません。だけど、大丈夫。あなたのオーラは安定しています。もし不安になったときは、お風呂に少しお塩を入れて浸かってみるのがオススメ。また身の回りを整理整頓、片づけしたり、掃除したりすると心も頭もスッキリするでしょう。

Q3

散歩の途中、山道を登って、
頂上《ちょうじょう》を目指すことになったあなた。
さて、いま何時？

Q4

いまあなたがいる場所は
どこですか？
山道のどのあたりかを
指してみて。

Q5

その場所から
頂上は見えますか？

A はっきり見える

B 木や雲などで
隠《かく》れている部分がある

C まったく見えない

Q6

頂上に着いたあなた。
地上に向かって
大声でなんと言いますか？

Q7

次はどんな山に登りたいですか？
大きさ、高さ、形…
どんな山か思い浮かべて。

←結果は次のページ☆

★Hitomi's Message★ 困っている人がいたら自分から話しかけて相談にのってあげよう。あなたの悩みも一緒に吹き飛ぶ！

A3

頂上《ちょうじょう》を目指す時間は、
あなたが一日のなかで絶好調な時間。

AM8時なら、朝からエンジン全開！PM1時なら、朝からお昼にかけて元気になっていくタイプ。PM6時の人は、夜に強いかも。

A4

いまあなたがいる場所は、
目標・夢までの距離《きょり》。

頂上はあなたの目標・夢を示します。たとえば山の半分の位置だったら、目標・夢までの到達《とうたつ》点は50%、ちょうど折り返し地点です。

A5

頂上の見え方は、
あなたの目標・夢に対する意識。

Aを選んだあなたは、目標・夢が決まっていて、まっすぐ突き進んでいます。
Bを選んだあなたは、思っている目標・夢が正しいかどうか実は少し悩んでいそう。
Cを選んだあなたは、目標・夢が定まっていないものの、やる気は十分。すぐに見つかるはず！

A6

頂上で言う言葉は、
目標・夢が叶ったときに
あなたが言う言葉。

一歩一歩、汗をかきながら頂上まで歩くことは、目標・夢に向かってがんばる姿にも通じます。がんばった先に出てきた発言はなんですか？

A7

次に登りたい山は、
あなたの次の目標・夢。

具体的に描写《びょうしゃ》できるほど、目標・夢が定まっている証拠《しょうこ》。「次に登りたい山がない」と答えたあなたは、いまのところ具体的な目標・夢がないかもしれませんが、大丈夫。きっと見つかりますよ。

Q8

山をおりていくと公園で
あなたの知っている人に
出会いました。
それは誰ですか？

Q9

またその人は
ペットボトルの水を
飲んでいました。
どれくらいの量を
飲みましたか？

←結果は次のページ☆

★Hitomi's Message★ 家族や友達に手づくりのものをプレゼントしてみて。あなたのやさしさが相手にもしっかり伝わるよ☆

A8

**出会ったのは、
いまあなたが
求めている人。**

恋人、友達、親、きょうだい、学校の先生、会社の上司、部下、おとなりさん。あなたが必要な人は誰でした？

A9

**飲んでいた水の量は、
その人があなたを思っている
気持ちの量。**

飲んでいた水の量が多ければ多いほど、相手はあなたのことを気にしています。もし一気飲みしてしまったなら、その人はあなたのことをとっても欲しているでしょう。

Q10

そうしていると、
あなたは水《みず》鉄《てっ》砲《ぽう》で遊んでいる子供から
水をかけられてしまいました。
水鉄砲はどれくらいの大きさですか？

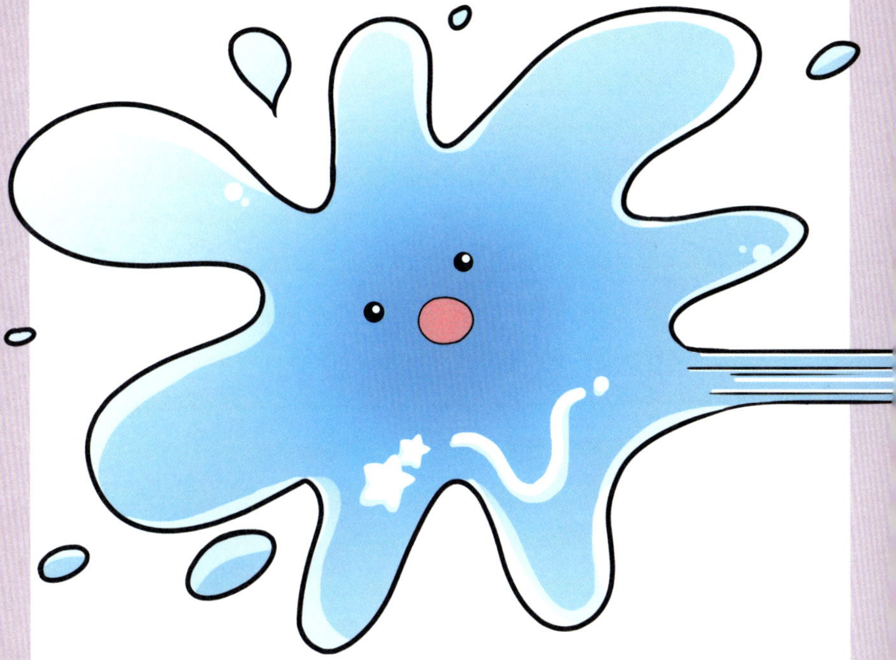

Q11

水をかけられた場所は
どこですか？

Q12

濡《ぬ》れたところは
どれくらいで乾きましたか？

←結果は次のページ☆

★Hitomi's Message★ 寝る前にホットドリンクを飲んでみて。やすらかな気持ちで次の日が迎《むか》えられるでしょう。

★A10★

水《みず》鉄《てっ》砲《ぽう》の大きさは、
いまあなたが求めている
刺《し》激《げき》の大きさ。

手のひらサイズなのか、バズーカー級なのか、2本持ちなのか？

★A11★

水をかけられた場所は、
あなたが
自信のある場所です。

頭なら才能、顔なら美しさ。「全身がびしょ濡《ぬ》れ」と答えたあなたはさすが！

★A12★

乾くまでの時間は、
あなたの**「好き」が**
続く時間。

恋人、趣味、推《お》し活《かつ》。すぐに乾けば乾くほど、情熱は移ろいやすいタイプ。全然乾かないという人ほど一《いち》途《ず》な想いが続くタイプでしょう。

←ときめきいろいろうらないはまだまだ続くよ☆

指キャッチうらない

紙もペンも必要なし！
いま、目の前の人がどんな状態かわかるよ。うらない師になった気持ちでうらなってみて。

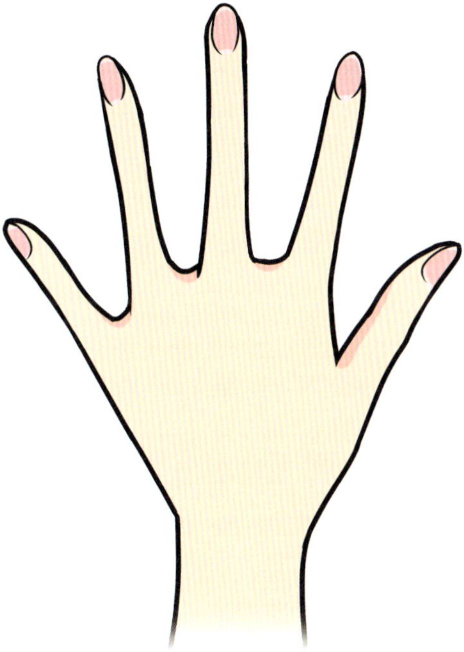

うらない方法

うらないたい相手に次の通りに呼びかけてください。

STEP1 「両手を前に出してください」

STEP2 「自分の右手で、自分の左手の指をどれかひとつつかんでください」

←**結果は次のページ☆**

★Hitomi's Message★ アクセサリーが幸せを運んできてくれる予感。魅力がアップして注目されそう！

うらない結果を発表しましょう。

「つかんだ指で、あなたのいまの状態がわかります」

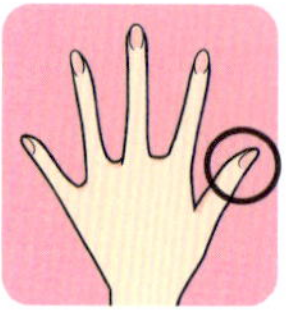

親指 パワー急上昇中！

エネルギー満タン！「やりたいな」と思っていることがあればどんどん挑戦していって。強い意志が大きな幸運を引き寄せます。

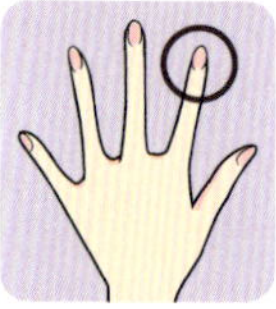

人さし指 ちょっぴりさびしんぼモード

自信がなく、積極的になりきれない状態。コミュニケーションに対して臆《おく》病《びょう》になっていそう。少しずつ心を開けたらハッピーが舞い降りるでしょう。

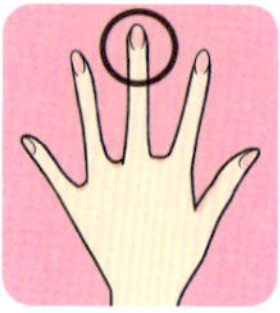

中指 全方位警《けい》戒《かい》中《ちゅう》

本当はやさしくて情熱的なのに、疑《ぎ》心《しん》暗《あん》鬼《き》が加速して心のバリアが極《ごく》厚《あつ》になっている気配。本音で話せる人を見つけることが幸運へのカギ。

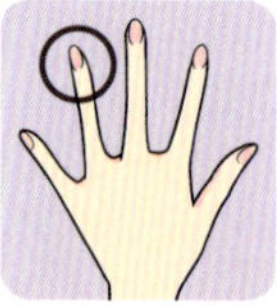

薬指 圧《あっ》倒《とう》的ラブ不足！

誰かを好きになったり、誰かに好きになられたり。そんなラブが足りなくて心に穴《あな》がぽっかり。趣味でも推《お》し活《かつ》でも、ときめく心を取り戻せたら◎

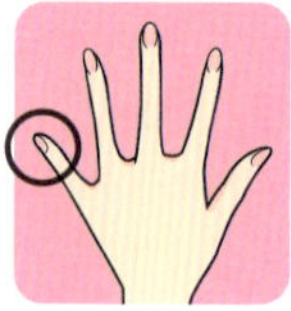

小指 チャンスと変化のとき

すぐ目の前に幸運の波が押し寄せています。ぐっと引き寄せるコツは自分を積極的にアピールすること。表現力も高まっています。

昨日、なに食べた？
なに飲んだ？

昨日一日、あなたが食べたもの、
飲んだものを教えてね。

★Hitomi's Message★　好きな人と目が合ったら恥ずかしがらずにほほえんでみて。大丈夫、いまのあなたのオーラは完璧《かんぺき》です。

パッと最初に出てきたものは
なんですか？
今日がどんな運勢か
わかるよ。

金運アップ

チョコレート

ちょこっと食べるとよりGOOD。お金が貯まりやすい日。

牛乳

パワーがみなぎる日。机に向かえば金運上昇の波にのれちゃう！

卵料理

お手伝いをたくさんするほど、お小づかい運がアップ！

肉

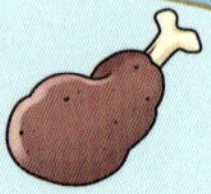

金のエネルギーが入ってきています。大活躍できそう♪

チーズ

買い物運が良好。欲しいものを書き出してみて！

恋愛運アップ

パスタ

好きな人ともっと仲良くなれそう♪

赤い食べ物

モヤモヤが晴れていきそう。仲直りには吉日。

ラーメン

出会い運が良好。雑《ざつ》談《だん》から入るのがカギ！

かぼちゃ

夢がふくらむ日。自分の願いごとを3回唱《とな》えてみて！

乳酸菌飲料・ヨーグルト

やさしい気持ちになれる日。相手を包み込めるよ。

絆《きずな》運アップ

餃《ぎょう》子《ざ》

つながりがさらに大きな幸運力を引き寄せる日。

カレー

家族円満♪ 日頃の行いをほめられそう。

コーヒー・紅茶

ほっと一息がカギ。自分のペースを取り戻せそう。

サラダ

つながりが強化される日。朝食べた人はさらに絶好調☆

うどん・そば

愛が深まる一日。ずっと一緒に過ごせそう。

チャレンジ運アップ

パン
楽しいことが起こりそう！ 幸運はすぐそこに。

プリン・ゼリー
新しい発見がありそう。きっとあなたの役に立つはず。

魚
直感《ちょっかん》がさえる一日。決断するならいま！

鍋料理
挑戦心にパワーが宿《やど》る日。一歩踏《ふ》み出すと吉。

フルーツジュース
ひらめき運が絶好調！ いろんなことがまとまっていく日。

人気運アップ

納豆・豆料理
癒《いや》しオーラ全開！ みんながあなたに近づきたくなりそう。

バナナ
魅力運が底上げされる日。笑顔でいるとさらにパワーアップ！

おにぎり
なんでもうまくいく日☆あきらめないでファイト！

味噌汁・スープ
注目度急上昇！ 身だしなみを再チェックすると◎

緑茶
新しい魅力がめばえそう♪

！ 気をつけてほしいのは

グミ
今日はおしゃべりに気をつけて。ちゃんとヒミツを守ると◎

アイス
怒られやすい日。やさしい気持ちで過ごすと大丈夫☆

いも類
うっかり忘れ物をしそう。ティータイムで一息つくと吉☆

アルコール
落とし物に気を付けて。いつもよりゆっくり歩くといいかも☆

ハンバーガー
人の話をしっかり聞いてみて。背《せ》筋《すじ》を伸ばしたら運気UP☆

★Hitomi's Message★ こわがらずにチャレンジすると良い日。将来への夢や目標の第一歩は、今日踏み出すと幸運が。

＼2のつく日に♪／

家族との絆《きずな》アップ

1 タテ2㎝×ヨコ2㎝の白い正方形の紙に家族全員の名前をブラックのペンで書き、イエローのペンで丸く囲む。

2 その紙をアルミホイルのなかに入れて、丸めて指輪を作る。

3 作った指輪を左の薬指にはめて寝て、朝起きたらはずす。

このおまじないは2のつく日（2日、12日、22日）の、夜寝る前に行うと効果的。数字の2には、家族の絆を深めてくれるパワーが秘められているよ！

＼ココぞのときに！／

緊張しなくなる

1 空を見上げて伸びの体操（両手を上げて、横からおろす）を3回繰《く》り返《かえ》す。

2 大きく手を開いて深呼吸を3回。

目を閉じて「私はスター」と3回唱《とな》える。

3 もう一度「私はスター」と言い笑顔の自分をカメラで撮影。

4 ココぞというときの直前にその画像を見ると吉☆

おまけ3 \もっと/ いろいろ

おまじない

\相手には見せないで/

怒られなくなる

1 レッドの油性ペンで
左の手のひらに☆を書く。

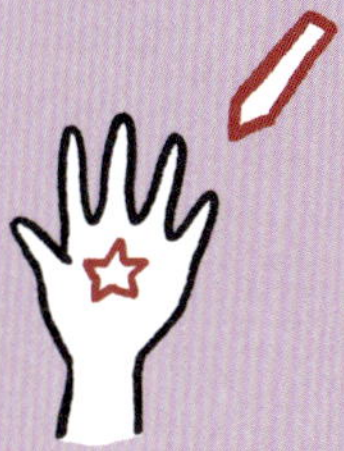

2 左手をぎゅっと握《にぎ》り、
怒られたくない相手の
名前と自分の名前を
次のように唱える。

たとえば相手がお母さんの場合、
「お母さん、私（名前）はもう大丈夫です。
怒らないでください。私（名前）と
お母さんは仲良しです」。

3 遠くから、相手に
両手を向けて
フリフリ。
キラキラを送る
イメージを持つと
GOOD。

4 左手を再びぎゅっと握って、
左手に「ふぅー」とゆっくり
3回息を吹きかけて完了。

手のひらの☆は、自然に
消えるまでそのままでOK！

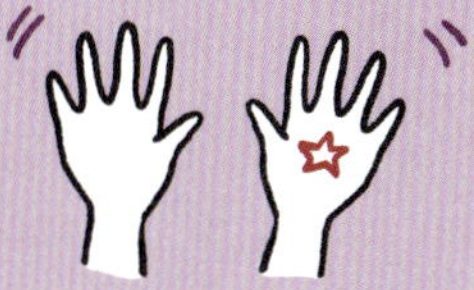

★Hitomi's Message★ 今日は“左”を意識してみて。靴下は左から、部屋は左足から出ると吉。

おわりに

最後まで読んでいただき、ありがとうございます。

毎日をハッピーに過ごすヒントが
少しでもあったらいいなと思います。

本性を見せたくなくてついつい猫をかぶったり
恋に盛り上がって周りが見えなくなったり
自分がわからなくなったり
悲しくて立ち上がれない日
迷ったり、悩んだり

イライラ、モヤモヤしたとき―
この本を開いてください。

あなたはひとりではありません。
ほしてん。がきっと、あなたの味方になってくれます。

自分のこと、友達や家族、大切な人のことをより知って
幸せの数が増えていくことを願っています。

この本をお守り代わりに、ずっとあなたのそばに―

星ひとみ

★Hitomi's Message★ 窓枠をピカピカにして。新鮮な風を取り入れよう。

著者　星ひとめ〔ほし・ひとみ〕

占い師。巫女の血筋を持つ家系に生まれる。オリジナル運勢鑑定法「天星術」は圧倒的な的中率で人気を集め、各界に多くのファンを持つ。著書に『幸せ上手さん習慣』、『運気を金《GOLD》にする 幸せ上手さん習慣GOLD』『星ひとみの天星術超図鑑』（いずれも小学館）、『星ひとみの天星術』（幻冬舎）など。著書は累計150万部を突破!!

星ひとみInstagram
@hoshi_hitomi722

星ひとみ事務局Instagram
@hoshi_hitomi_staff

StarEyes×YAMASAN
https://stareyes.buyshop.jp

ほしてん。～転生と闇オチ 星ひとみの天星術～

2025年3月11日　初版第１刷発行

著　者　星ひとみ
発行人　畑中雅美

発行所　株式会社　小学館
〒101-8001　東京都千代田区一ツ橋2-3-1
TEL：03-3230-5898［編集］　03-5281-3555［販売］

DTP　株式会社昭和ブライト
印刷所　TOPPANクロレ株式会社
製本所　牧　製本印刷　株式会社

校　閲　小学館出版クォリティーセンター

企画協力　中込圭介（株式会社Gオフィス）
Star Eyes

販　売　佐々木俊典
宣　伝　内山雄太
制　作　木戸礼
資　材　遠山礼子
編　集　水主智子　露崎瑞樹
編集協力　辻本幸路　大槻麻未　鎌田清貴
イラスト・まんが　鮎ヒナタ
pyol（P94-95,122-123,140-141）
装丁・デザイン　足立恵里香

造本には十分注意しておりますが、印刷、製本など製造上の不備がございましたら「制作局コールセンター」(フリーダイヤル0120-336-340)にご連絡ください。(電話受付は、土・日・祝休日を除く9:30～17:30)

ISBN 978-4-09-311591-9